올 어바웃 플라워숍

플로리스트 엄지영 & 가드너 강세종 부부의 플라워숍 운영 노하우

올 어바웃 플라워숍
All about Flower Shop

북하우스 엔

프롤로그

가드너스 와이프 10년의 기록

『올 어바웃 플라워숍』의 마무리 작업이 한창이던 2012년, 그때 앉았던 책상에서 치열했던 순간들을 추억하며 『올 어바웃 플라워숍』 개정판의 프롤로그를 쓰고 있습니다.

지금도 또렷이 기억나는 북하우스 출판사 담당자분과의 우연한 만남, 출간 계약을 맺기까지의 망설임, 출간 결정 이후 쉽지 않았던 준비작업 끝에 직장인에서 플로리스트와 가드너로 변신한 과정을 진솔하게 담은 책을 출간했습니다. 아쉬운 점도 많았지만 당시로서는 주어진 상황에서 나름 최선을 다했다고 생각했습니다.

초판만이라도 팔리면 좋겠다고 생각했던 책이 감사하게도 기대 이상의 판매량을 기록하게 되어 쇄를 거듭할 때마다 시류에 맞게 원고를 부분 수정했지만, 트렌드의 변화가 무척 빠른 우리나라의 특성상 이제는 부분 수정만으로는 해결할 수 없는 상황이 되었습니다.

『올 어바웃 플라워숍』 개정판은 2012년 초판 출간 이후 변화된 부분을 반영하고 초판에서 미처 담지 못했던 부분, 특히 플로리스트 엄지영의 작품과 〈가드너스 와이프〉 플라워스쿨 수강생들이 플로리스트 엄지영의 지도 하에 완성한 작품들을 함께 실었습니다. 또한 가드너 강세종의 가드닝 섹션도 내용을 대폭 수정, 보완하는 등 창업 이후 10년간의 경험을 보다 충실히 담아보았습니다.

비록 10년이라는 짧은 역사이지만, 2007년부터 2012년까지가 〈가드너스 와이프〉의 성장기라고 한다면 2013년 이후에는 성숙기 및 안정기라고 볼 수 있습니다. 창업부터 6년 차까지는 밤낮없이 일하며 시행착오 속에서 경험을 쌓아가고 고객을 확보하고 성장해나가는 기간이었고, 2013년부터는 그동안 확보한 고객으로도 어느 정도 안정적인 매출이 나오는 단계로 접어들었습니다.

안정기에 접어들면서 우리는 스스로를 되돌아보는 시간을 가졌습니다. 우리가 도달한 결론은, 그동안 쌓아온 노하우를 보다 적극적으로 알려보자는 것이었지요.

주로 주말에만 진행하던 플라워스쿨과 가드닝스쿨을 평일로 확대하고 커리큘럼도 대폭 개편했습니다. 특히 창업 7년 차에 접어든 2014년에는 그동안 쌓은 창업, 세무, 상품기획에 대한 풍부한 경험을 바탕으로 창업 특강을 신설하여 플라워숍 창업 초기에 겪을 수 있는 시행착오를 줄일 수 있도록 돕고자 했습니다. 또한 2015년부터는 수강생 창업자 공급 프로그램을 통해 식물 등 다양한 상품을 도매로 공급하는 서비스도 시작했지요.

이처럼 초판 출간 이후 책을 수정, 보완해 개정판을 내야 할 만큼 많은 변화들이 있었지만, 무엇보다 가장 큰 변화가 있었던 건 책을 쓴 저희들이 아닐까 싶습니다. 특히 책이 만들어준 수많은 아름다운 만남들이 바로 그것입니다.

저희 책을 읽고 차근차근 준비해 시행착오를 많이 겪지 않고 플라워숍을 열게 되었다며 직접 찾아와 감사인사를 전해주신 분, 지방에서 몇 년 만에 서울로 올라오는 길에 저자 싸인을 받겠다고 이 무거운 책을 들고 오신 분, 플라워숍이 아닌 다른 창업을 예정하고 있지만 좋아하는 일로 밥벌이 하는 삶에 대한 진솔하고 세세한 글이 큰 도움이 되었다며 직접 메일을 주신 분, 그리고 책으로 인연이 시작되어 저희 스쿨의 수강생이 된 많은 분들까지, 모두 이 책이 없었다면 불가능했을 만남이지요.

이번 개정판 출간에는 감사드릴 분들이 많습니다. 민경 씨, 수진 씨를 비롯한 초판 멤버들, 그리고 개정판 제안을 흔쾌히 수락해주신 북하우스 김정순 대표님과 준비 작업 및 진행에 큰 도움을 주신 오세은 팀장님, 그리고 멋지게 디자인 작업을 해주신 박수연, 이혜령 님, 신선한 아이디어를 제시해준 우리 식구 수진 씨, 보현 씨, 사진 제공에 기꺼이 동의해준 수강생분들, 마지막으로 늘 바쁜 우리들을 걱정해주시고 지원을 아끼지 않는 사랑하는 가족들에게 감사의 말씀을 전합니다.

contents

프롤로그 가드너 와이프 10년의 기록 * 5

Part 1 우리 플라워숍 해보면 어떨까?

Chapter 01 나만의 가게를 꿈꾸다

감각의 시대, 소비층의 큰 변화 * 15 | 실력 있는 플로리스트가 되려면 시간이 필요하다 * 17 | 자격증과 해외연수가 꼭 필요할까? * 19 | 남과 다른 개성과 강점으로 승부한다 * 21 | 차별화를 복합 매장으로 착각하는 오류 * 26 | 나에게 창업 유전자가 있는가? * 28

가드너 와이프의 사계 01 플로리스트가 되기까지 * 30

Chapter 02 창업을 준비하다

장기적인 안목을 가지고 시작할 것 * 35 | 직장인이었던 경험은 잊어라 * 38 | 내 첫 가게, 어디가 좋을까? * 41 | 가계약 후 찾아온 〈메리 앤 메리〉 인수 제안 * 45 | 드디어, 계약을 하다 * 49

가드너 와이프의 사계 02 현실이 만만하지 않은 예비 가드너 * 52

Chapter 03 나만의 브랜드 만들기

가게 이름, 어떻게 지을까? * 57 | 우리만의 이야기를 담고 있는 상호 * 58 | 사업자 등록과 상표 등록 * 61 | 인테리어와 설비 시 주의할 점 * 62

가드너스 와이프의 사계 03 플로리스트로의 한 걸음, 영국 연수 * 66

Chapter 04 플라워숍의 운영 노하우

숍 운영에는 원칙이 있어야 한다 * 71 | 얼마나 살 것이며, 얼마에 팔 것인가? * 74 | 경쟁 속에서 성장하다 * 77 | 2년 차 징크스 극복하기 * 78 | 피눈물 나는 매장 이전 * 80 | 공간 확장과 대형 거래처의 등장 * 83 | 플라워숍의 매출 구조는? * 84 | 플라워숍 창업, 동업 vs. 부부 운영 * 86

가드너스 와이프의 사계 04 플로리스트의 하루 * 90

Chapter 05 플라워숍 어떻게 홍보할까?

고객은 저절로 늘지 않는다 * 95 | 작품으로 말한다 * 98 | 인터넷으로 홍보하기 * 99 | 매장의 얼굴, 홈페이지를 개설하다 * 101 | 커뮤니티를 운영해보자 * 102 | 스마트폰 시대의 인터넷 홍보 전략 * 103

가드너스 와이프의 사계 05 가드너의 하루 * 106

Part 2
엄지영의 플라워스쿨

Chapter 06 플라워레슨 준비

작품이 곧 플로리스트다 * 113 | 무엇을 만들고 싶은가 * 115 | 플라워 디자인에서 많이 사용하는 용어 * 121 | 어떤 꽃을 사용할 것인가 * 124 | 어떤 색의 꽃을 사용할 것인가 * 136 | 직접 꽃 시장에 가보자 * 139 | 도매시장에서 꽃 사는 요령 * 142 | 플라워 디자인에 필요한 도구들 * 146 | 화기 * 150 | 꾸밈 재료 * 152 | 꽃 다듬기와 물 올리기 * 154 | 꽃을 오래 보관하는 방법 * 158 | 플로리스트가 알아둬야 할 계절 꽃들 * 160

가드너스 와이프의 사계 06 특별한 날에 특별한 꽃 선물 * 170

Chapter 07 플라워레슨 실전

〈가드너스 와이프〉 플라워스쿨 * 177 | 꽃다발 만들기 * 179 | 화병꽂이 만들기 * 200 | 플로랄 폼을 이용한 꽃이 만들기 * 214

가드너스 와이프의 사계 07 꽃은 사랑의 묘약 * 228

Chapter 08 플로리스트 엄지영의 갤러리

블루에 흠뻑 빠진 날 * 234 | 조선 백자와 작약의 운명적 만남 * 236 | 링오아시스와 키 큰 화병의 결합, 퍼플 옐로 센터피스 * 240 | 새로운 소재로 탄생한 매력 * 244 | 모던함을 강조한 레드 & 그린 * 248 | Merry Christmas! * 250

가드너스 와이프의 사계 08 손님들과의 특별한 인연 * 252

Part 3 강세종의 가드닝스쿨

Chapter 09 플라워숍에서 만나는 식물들

플라워숍을 운영하려면 식물 지식은 필수 * 261 | 녹색의 즐거움, 잎보기 식물 * 263 | 활짝 핀 꽃의 아름다움, 꽃보기 식물 * 270 | 번식과 단풍을 즐기는 다육식물 * 274 | 가장 진화한 존재, 난초 * 279 | 키친 가든의 주인공, 허브 * 282 | 특정 계절에만 볼 수 있는 알뿌리식물 * 284 | 틸란시아와 행잉식물 * 287 | 노지 월동 가능한 조경수와 다년초 * 290 | 청량감이 매력적인 수생식물 * 292

 가드너 와이프의 사계 09 식물과의 정 떼기 * 294

Chapter 10 가드닝레슨 실전

가드닝에 유용한 도구들 * 299 | 건강한 토양이 건강한 식물을 만든다 * 304 | 최적화된 흙을 갖추자 * 308 | 식물의 일용할 양식, 햇빛 * 312 | 온도와 습도를 관리하자 * 316 | 3년을 해도 힘든 물 주기 * 321 | 분갈이는 이사와 같은 것 * 325 | 벌레, 병균들과의 싸움 * 330 | 식물의 건강식품, 비료 주기 * 336 | 왜 내 식물은 꽃이 안 필까? * 339 | 건강한 식물을 고르는 법 * 340

가드너 와이프의 사계 10 이름 덕을 톡톡히 보는 식물들 * 344

Chapter 11 식물과 플랜터의 디자인 매칭

플랜터에 따라 식물의 가치가 달라진다 * 349 | 어떤 소재의 플랜터를 선택할까? * 351 | 플랜터의 색상 * 356

가드너 와이프의 사계 11 크리스마스 시즌과 한 해 마감하기 * 368

Part 1

우리 플라워숍 해보면 어떨까?

CHAPTER 01

나만의 가게를
꿈꾸다

플로리스트 엄지영

감각의 시대, 소비층의 큰 변화

한때 주부 창업의 대명사로 불리던 꽃집. 아이를 다 키운 주부들에게 꽃집은 인기 있는 창업 아이템이었다. 작은 공간에서도 운영할 수 있어 투자비용이 높지 않아 실패해도 부담이 크지 않았고, 운 좋게 거래처 몇 곳만 잡으면 어느 꽃집을 가도 비슷한 화분, 화환 등을 판매하면서 집안 살림에 보탬이 되던 시절이 있었다. 그런데 지금 그 동네 꽃집들은 모두 어디로 사라진 걸까? 그리고 사라졌다면 그 이유는 무엇일까?

고객이 변했다. 1990년 이후 우리나라는 여행, 어학연수, 유학 등의 목적으로 해외에 나가는 사람들이 급격히 늘어났고, 그들은 현지에서 새로운 문화와 새로운 플라워 디자인을 경험하고 돌아왔다. 인간의 미적 감각은 일단 수준이 올라가면 절대 떨어지지 않는 법이다. 그들은 뉴욕, 파리, 런던의 거리, 카페, 호텔 등지에서 보았던 플라워 디자인을 우리나라에서도 찾기 시작했다. 이렇듯 수요가 생기자 유럽과 미국 등지에서 플라워 디자인을 공부한 플로리스트들이 운영하는 플라워숍이 하나둘 생겨났다. 그들은 새로운 재료, 색감, 디자인으로 예술작품이라 불러도 손색없을 만큼 뛰어난 수준의 어레인지먼트arrangement를 선보이기 시작했다.

그로부터 20여 년이 지난 지금, 꽃들의 이름을 줄줄 외고, 꽃의 색감, 종류, 포장, 리본까지 하나하나 직접 선택하며, 시중에서 구하기 힘든 해외의 플라워 전문서적을 들고 와서 맞춤 제작을 요청하는 손님을 만나는 건 그리 어려운 일이 아니다. 가끔은 〈가드너스 와이프〉의 플로리스트들이 참고해야 할 정도로 뛰어난 감각을 보여주는 손님들도 있다.

이제 플라워숍은 비교적 손쉽게 창업할 수 있는 업종이 아니라 국내외의 다양한 플라워 디자인을 경험하고 익힌 전문가가 아니면 살아남기 힘든 치열한 경쟁의 장으로 변했다. 소위 해외에서 유명하다는 플로리스트의 플라워 디자인이 정말 그 정도로 평가를 받을 만한 것인지, 그들보다 잘 가르치고 뛰어난 플로리스트가 국내에는 없는지에 대해서는 논란의 여지가 있지만 어쨌든 해외의 플라워 디자인을 수용하고 거기에 자신만의 개성을 담지 않으면 안 되는 상황이 된 것이다.

게다가 오랜 경기부진 속에 엎친 데 덮친 격으로 2016년 9월 시행된 부정청탁금지법(일명 김영란법)이 꽃선물 및 화환의 주문한도를 현실을 전혀 반영하지 못한 낮은 금액으로 정하면서 오피스 상권에 위치한 플라워숍들은 공황 상태에 빠져버렸다. 그 결과 작아진 파이를 나눠먹기 위해 플라워숍 간의 경쟁은 더욱 치열해졌고 경험과 숙련도가 떨어지는 창업초보 플로리스트들은 경쟁에서 뒤처지며 더욱 어려운 시간을 겪고 있다.

실력 있는 플로리스트가 되려면 시간이 필요하다

프로페셔널한 플로리스트가 되려면 재료, 색감, 구성에 대한 보다 깊은 이해와 수많은 연습이 필요하다. 이름 없는 동네 꽃집을 1~2년 하다 말 게 아니라면, 예전처럼 단기간에 배워 미숙한 상태에서 창업할 수 없는 시대에 우리는 살고 있다. 게다가 재개발, 재건축으로 인한 부동산의 가치 상승, 물가 상승과 연동된 점포 임대료 상승 등으로 플라워숍은 더 다양한 수익 모델을 갖춰야 하는 구조로 변했다. 그 결과 플로리스트에게 요구되는 전문성과 숙련도는 갈수록 높아지고 있다.

그렇다면 창업에 대한 꿈을 꾸기에 앞서 숙련된 플로리스트가 되려면 어느 정도의 시간이 필요할까? 성질 급한 손님이 '빨리빨리'를 외치며 지켜보는 앞에서 10분 안에 완성도 있는 꽃다발을 만들 수 있는 실력을 키우기까지 평균 6개월~1년 정도의 트레이닝이 필요하다. 거기에 꽃다발 외에 대표적인 상품인 꽃바구니, 화기꽂이 등을 능숙히 만들려면 또 그만큼의 시간이 필요하다. 이는 곧 작은 가게를 하려고 해도 최소 1~2년 이상의 트레이닝 기간이 필요하다는 뜻이다.

이렇게 열심히 노력해서 플라워 디자인에 자신이 생겼는데 아이러니하게도 플라워숍의 전체 매출의 50% 이상이 식물과 가드닝 상품 판매라는 걸 알게 되면 기분이 어떨까? '식물도 함께 공부할걸' 하고 후회해도 때는 이미 늦었다. 플라워숍에서 잘 팔리는 식물을 익히고 고객의 요구사항에 맞춘 식물과 플랜터planter를 이용해 수준 있는 작품을 만들려면 이것 역시 최소 2~3년간의 경험과 꾸준한 공부가 필요하기 때문이다.

닥치면 다 할 수 있다고? 물론 가능은 하다. 그런데 문제는 손님들은 그리 너그럽지 않다는 것이다. 나보다 더 많은 지식과 정보, 감각을 지닌 손님 한 명에게 어리숙한 모습을 보이면 머지않아 내 부족한 실력이 온 동네에 소문이 날 것이다. 운이 나쁘면 포털사이트 지역정보 평가란의 '별점'이 폭락할 수도 있고 오픈하자마자 호기심에 들렀던 손님들의 수가 급격히 감소할지도 모른다. 뭐든 나쁜 소문은 좋은 소문보다 더 빨리 퍼지고, 수습하는 데도 몇 배의 시간이 더 걸리기 마련이니까.

자격증과 해외연수가 꼭 필요할까?

우리나라에는 돈이 되고, 취직이 된다는 자격증이 많다. 그런데 그것들이 정작 현장에서 활용 가능할까? 플라워숍과 관련된 자격증으로 화훼장식기(능)사, 원예기능사 및 몇몇 사설협회에서 발급하는 것들이 있다. 그런데 〈가드너스 와이프〉에는 이 자격증을 가지고 있는 사람이 없다. 아니, 아예 시험도 보지 않았다. 그렇다고 그런 자격증들이 의미가 없다는 얘기는 아니다. 현업과 다소 거리가 있는 내용이 일부 있기는 하지만, 준비하는 과정에서 목표의식을 가질 수 있고 배울 것도 분명히 있다. 단지 내가 자격증에 큰 의미를 두지 않는 까닭은 그 길은 우리의 길이 아니라고 판단했기 때문이다. 자격증이 디자인 감각을 키워주지는 않을 테니까.

해외연수도 마찬가지다. 영국, 프랑스, 미국 등 다양한 플라워스쿨의 장·단기 연수과정이 있다. 수업료와 체류비, 항공료까지 합치면 수천만 원이 드는 고가의 과정이다. 현지에 가면 한국인지 외국인지 구별이 안 될 정도로 유난히 한국 수강생이 많은 플라워스쿨도 있다. 그렇지만 그만한 비용을 지불하고 다녀올 의미가 정말 있을까?

내가 영국에 다녀왔던 2006년과 현재를 비교하면, 국내에도 해외의 유명 플라워스쿨 수준의, 혹은 국내 실정에 맞게 향상된 커리큘럼을 갖춘 곳이 생겨났다. 따라서 굳이 무리해서 해외연수를 떠나지 않아도 충분한 성장의 기회를 가질 수 있다. 다만, 현지에 가면 그들의 디자인을 경험하는 것은 물론, 국내에서 보기 힘든 꽃과 소재를 만날 수 있고, 그들의 숍 운영 방식이나 마케팅 기법을 보고 익힐 수 있다는 것은 분명한 장점이다. 또 꽃을 생활화하고 있는 현지인들의 삶 속에 들어가 배우게 되는 것도 많다. 하지만 그 많은 비용을 들여서 다녀오는 해외연수의 프리미엄이 예전 같지 않은 것도 사실이다.

어떤 플라워스쿨을 선택하면 좋을까?

1. 플라워 디자인을 배우고자 한다면 널리 알려진 유명한 스쿨도 좋지만, 본인이 좋아하는 스타일로 실질적인 도움을 줄 수 있는 플라워스쿨을 선택하되, 가능하면 두세 군데의 스쿨에서 각기 다른 스타일을 경험하길 권한다.

2. 매장(로드숍)을 열 계획이 있다면 매장과 플라워스쿨을 함께 운영하는 곳을, 웨딩 및 디스플레이 쪽에 집중하고 싶다면 이 분야를 중심으로 하는 스쿨을 선택하는 게 좋다. 각 스쿨마다 스타일도 다르지만 전문성도 다를 수 있기 때문이다.

3. 강사가 누구인지, 그 강사가 실제 충분한 기간 동안 다양한 경험을 했는지, 해당 수업을 끝까지 책임지고 진행하는지 확인한다. 어떤 스쿨은 매 레슨마다 강사가 바뀌기도 한다.

4. 3~5명 정도의 수강생들과 함께 배우면 서로 경쟁도 되고 자극이 된다. 혼자 배우면 자신의 실력이 얼마만큼 느는지 판단하기 힘들고 잘 늘지도 않는다.

5. 수료 후에도 강사와 친밀한 관계를 유지할 수 있는 곳이 좋다. 수료 후 창업 준비 과정에서 궁금한 것들이 생겼을 때 도움을 받을 수 있다. 덩달아 인턴십이나 취업의 기회까지 얻을 수 있는 곳이면 금상첨화다.

남과 다른 개성과 강점으로 승부한다

플로리스트를 꿈꾸거나 플라워숍을 계획하고 있는 사람이라면 준비하는 동안에 갖춰야 할 것들이 있다. 플라워숍뿐만 아니라 여러 방면의 감각적인 숍들이 즐비하고 부침 많은 장소에서 수년간 로드숍을 운영하면서 깨달은 노하우들이다.

첫째, 자신만의 디자인을 가져야 한다. 나만의 플라워 디자인이란 단기간에 만들어지지 않는다. 모든 분야가 그렇겠지만 플라워 디자인 역시 기초를 탄탄히 다지고 충분한 연습량을 채웠을 때 기량이 쌓이고 자신만의 개성이 오롯이 표출될 수 있기 때문이다. 그런 점에서 기초를 단단히 하기 위한 가장 좋은 방법은 '모방'이다. 자신이 좋아하는 플로리스트들의 스타일을 일단 그대로 따라해보는 것이다. 그 플로리스트가 왜 이런 색감과 형태의 꽃을 선택했는지 생각하면서 따라하는 과정을 반복하다 보면, 나만의 기준과 감각이 서서히 생긴다. 기본이 갖춰지지 않은 단계에서 미성숙한 개성을 함부로 표현하면 작품 자체가 무너져버리기 쉽다. 하지만 모방의 과정에서 전문가들의 기법들을 따라해보면서 자신의 개성을 쌓고, 나아가 작품에 반영시키면 한층 완성도 있는 자신만의 스타일을 만들 수 있다.

그런데 본인의 개성을 반영시키는 단계에서는, 본인 스스로 구상하고 직접 재료를 구매하지 않는다면 진정한 자신의 작품이라고 할 수 없다. 내 가게를 열기 전에 플라워스쿨에서 준비한 재료가 아니라 스스로 결정하고 구매한 재료로 자신만의 개성이 반영된 작품을 만들어보는 연습을 끊임없이 해봐야 한다. 〈가드너스 와이프〉 플라워스쿨 코스 중 강사의 지도로 수강생이 작품

구상, 재료 구매, 재료 정리, 작품 완성까지 해내는 최고급 과정인 '마스터코스'가 있는데, 바로 이런 취지에서 운영하고 있다. 그리고 이 과정은 앞으로 수년간 성장과 변화를 거쳐 진정한 자신만의 스타일을 만드는 밑거름이 되기 때문에 더욱 필요하다.

둘째, 플로리스트의 감각을 키우는 트레이닝 기간을 마치고 자신만의 숍을 열기로 했다면 디자인의 차별화도 중요하지만 점포 운영의 차별화도 큰 무기가 될 수 있다. 나와 가드너인 남편은 창업하기 수년 전부터 준비 차원에서 국내외 여러 분야의 가게들을 돌아다니면서 다양한 서비스를 경험했다. 시장조사 대상은 플라워숍으로 한정하지 않았다. 각종 번화가, 주택가, 대학가, 오피스 상권 등을 모두 돌면서 각 지역과 장소의 특징을 메모하고, 여러 부동산중개소에 들러 점포 시세를 확인하면서 그 지역의 특징과 이야기들을 세세하게 들었다.

그러면서 잘나가는 가게가 있다면 그 부근의 새로 생긴 가게를 찾는 것도 잊지 않았다. 강력한 경쟁자가 있는 상황에서 새 가게는 어떤 차별화된 무기를 갖고 있는지 알아보고 싶어서였고 우리의 미래도 살짝 엿볼 수 있을 것 같아서였다. 수년간 주말마다 시장조사를 계속하다 보니 나중엔 어느 정도 보는 눈이 생겨서 '이 가게는 얼마 못 갈 것 같아'라고 속으로 생각했던 매장들이 몇 달 후 실제 없어진 걸 목격하기도 여러 번이었다. 그만큼 샐러리맨에서 자영업자의 세계로 들어가기 위한 준비와 각오를 단단히 했다.

그 과정에서 느낀 것은 '오래된 가게들은 뭔가 다르다'는 것이다. 이는 가게를 연 다음에 더욱 뼈저리게 와닿은 부분이기도 한데, 몇 년 동안 한자리를 안정적으로 지키고 있는 가게들을 자세히 살펴보면 고객을 만족시키고 그들과의 관계를 잘 유지해나가는, 얼핏 사소해 보이지만 실상은 강력한 무기가 있었다. 여기서 말하는 차별성은 인테리어나 간판처럼 외관도 있겠지만, 그 가게의 핵심 서비스가 늘 안정적으로 제공되는 부분을 의미한다. 예를 들어 식당이라면 늘 한결같은 맛이나 서비스를 유지하는 것인데, 가게를 운영해 본 사람이라면 이게 얼마나 힘든 일인지 동감할 것이다.

 신참 가게들은 오픈 초기에 감당할 수 없는 서비스를 남발하다가 시간이 가면서 서비스의 일관성이 무너지는 허점이 노출되고, 그와 함께 고객이 떨어져 나가기도 한다. 바로 안정성을 갖출 역량이 부족하기 때문에 벌어지는 일이다. 같은 차원에서 〈가드너스 와이프〉가 가진 대표적인 차별화라면, 도

매시장에 최대한 자주 나가 신선하고 새로운 꽃을 들여오고, 시들기 시작하는 꽃은 과감히 버린다는 원칙! 그리고 작업자가 다르더라도 작품의 질이 일관되게 유지될 수 있도록 숍의 대표 플로리스트인 내가 마지막으로 검수하는 것이다.

말이나 글로 보면 별것 아닌 것 같아 보이는 이 작은 차이가 가게를 운영할 때, 얼마나 오랫동안 자신들의 핵심 역량을 지켜나갈 수 있는지를 가늠하는 기준이 된다. 식당이든 꽃집이든 혹은 옷집이든 점포의 개성을 보고 찾아온 손님들에게 대표 상품을 판매하려면, 그리고 그것을 오랫동안 한결같이 유지하고 싶다면 단단한 각오를 통해 자신이 지키고 싶은 가치와 기준을 엄격하게 지켜야 한다는 뜻이다. 그와 더불어 그것을 오랫동안 지킬 수 있는 노하우를 쌓아나가야 한다. 그 노하우란 체력이나 성실함일 수도 있고, 손님과의 소통일 수도 있다. 이런 노하우와 핵심 역량이 더해져 '오래 가는 숍'을 만들어낸다.

셋째, 색다른 감성을 발견하는 해외 마켓 투어에 관심을 가지자. 익숙지 않은 공간에 나를 내던지는 것처럼 새로운 감성의 촉발을 일으키는 것은 없다. 시간과 비용이라는 난제가 있었지만, 우리는 창업 전부터 종종 시간이 나면 해외로 향했다. 플라워 및 가드닝과 관련된 해외 전시회 참관, 현지 로드숍 방문, 가든 센터 견학, 유명한 개인 정원 방문, 식물원 투어, 미술관 관람 등 국내에서 경험할 수 없는 시간을 갖는 것이 주된 목적이었다. 창업 전에는 매장 콘셉트나 인테리어에 대한 아이디어를 얻기 위해서였다면, 창업 후에는 숍 운영이라는 현실을 잠시 잊고 나를 비운 채 낯선 곳이 주는 새로움과 차이를 흡수함으로써 창조적인 에너지를 다시 얻기 위해서다.

창업 전후로 방문한 나라를 살펴보면, 일본, 프랑스, 스페인, 영국 등인데, 특히 일본은 〈가드너스 와이프〉 오픈 전후를 다 합쳐 다섯 번 이상 지역별로 돌아다니며 시야를 넓히려고 애썼다. 거리상 가깝기도 하지만 플라워, 원예 모두 상당한 수준인 곳이기 때문이다. 심지어 같은 목적으로 다시 방문한 곳에서 또 다른 새로운 감흥과 아이디어를 얻어서 돌아온 경우도 있다. 그런데 정작 플라워 관련 해외 전시회는 의외로 실망스러운 경우가 많았다. 전시회보다 현지의 로드숍과 원예 도매 상가를 돌아보며 더 많은 도움을 얻을 수 있었다. 유럽 및 일본의 로드숍 정보는 일본에서 발간되는 플라워 계간지 《베스트 플라워 어레인지먼트 Best Flower Arrangement》(대형서점에서 구매 가능) 등에서 기본적으로 얻을 수 있는데, 실상 아이디어를 얻은 곳은 리스트에 표시되어 있지 않은 곳이 더 많았다. 책자에서 얻을 수 없는 정보는 현지에 거주하는 교민분들의 도움을 받았다. 한 번 큰 도움을 받은 이후부터는 마켓 투어를 할 때마다 예술이나 디자인 계통 종사자이거나 이런 분야에 관심이 많은 분이 운영하는 한국인 민박집을 선택해 머물렀다.

그리고 마켓 투어에서 빼먹지 않는 일은 현지의 대형서점 방문이다. 국내에서는 우리가 원하는 해외 플라워 및 원예 관련 서적을 구하기가 쉽지 않았다. 구할 수 있다고 하더라도 현지보다 고가에 구매해야 하고 내용을 보고 살 수가 없어 구매 후 실망하는 경우가 많았다. 그래서 해외에 나갈 기회가 있을 때마다 현지의 로드숍 정보와 함께 서점 정보를 반드시 확인한다. 비닐로 포장이 되어 있어 내용을 볼 수 없는 국내와 달리 이들 서점에서는 고가의 플라워, 가드닝 서적을 마음껏 볼 수 있다.

그리고 해외 마켓 투어를 갈 때는, 현지 언어를 능숙하게는 못하더라도 기본적인 플라워 및 가드닝 용어를 읽을 수 있는 정도로 미리 익히고 가기를 권한다. 서점에서 책을 찾을 때, 그리고 그 책을 읽고 내용을 부분적으로라도 이해하는 데 많은 도움이 되기 때문이다.

차별화를 복합 매장으로 착각하는 오류

그런데 가끔 보면 차별화를 '플라워숍과 다른 서비스의 결합'으로 생각하는 경우가 종종 있다. 예를 들면 꽃과 베이커리, 꽃과 카페, 꽃과 옷집 등을 합치는 식이다. 운영 형태를 보면, 플로리스트가 두 가지 서비스를 함께 운영하는 경우, '숍 인 숍'의 형태를 취하는 경우, 각각의 분야를 맡아서 각자 운영하는 경우 등 몇 가지가 있다.

 플라워숍이 성수기와 비수기가 확연히 구분되고 매출이 들쑥날쑥하다 보니 상대적으로 매출이 안정적으로 창출되는 아이템을 함께하면 어떨까 하는 생각에서 이런 복합 매장을 선택하는 듯하다. 사실 가드너인 남편 역시 창업 준비 과정에서 이 부분에 대한 고민으로 '플라워 카페'를 꿈꾸고 원예 외에 커피, 와인 등을 배우기도 했었다.

 그런데 수년간 관찰해본 결과 이런 복합 매장의 성적표는 그리 좋지가 않았다. 물론 잘되는 경우도 간혹 있지만 특히 플라워숍의 입장에서는 여러 가지 문제점을 내포하고 있어서 부정적인 측면이 많다. 가장 큰 문제는 전문성이 떨어져 보인다는 것이다. 고객의 시각은 냉철하다. 공히 인정받을 수 있는 전문성을 갖춘 플로리스트와 바리스타 혹은 파티셰가 각각의 역할을 분리해 운영하는 곳이라면 몰라도, 그렇지 않다면 고객은 각각의 전문성을 의심하게 된다. 그리고 한 사람이 여러 가지 일을 하는 경우라면 그 의심은 더 높아질 수밖에 없다. 사람은 누구든 성격이 다른 일을 동시에 하다 보면 빈틈이 생긴다는 걸 고객들이 더 잘 알고 있기 때문이다.

창업 초기 미진한 매출 실적이 주는 길고 지루한 기다림의 시간을 견디지 못해 선택한 복합 매장은 전문성의 결여라는 낙인이 찍힐 수 있다. 플라워숍을 창업하기로 마음먹었다면, 그리고 그 일을 오랫동안 계속 해나가고 싶다면 멀리 보고 핵심에 집중해야 한다.

또 다른 문제점은 꽃이 다른 사업 아이템의 부속으로 전락한다는 것이다. 전문성을 갖춘 바리스타, 파티셰와 함께 동업하는 경우, 만일 공동 브랜드를 쓴다면 플라워숍은 자칫 다른 아이템을 돋보이게 하는 부수적인 역할로 전락할 수 있다. 꽃을 제외한 다른 아이템은 꽃 덕분에 돋보여서 매출이 오르는 반면, 동일한 월세를 내고 공간을 차지하고 있는 플라워숍의 매출은 그에 못 미칠 확률이 높다. 그 이후에 생길 수많은 문제점을 상상해보라. 함께하는 이들 간의 불편한 기류부터 시작해 매출 문제까지. 첫 단추를 잘못 끼우면 그만큼의 큰 수업료를 내게 된다.

마지막 문제점은 서로 다른 운영시간이다. 보통 오전 11시 정도에 문을 열고 밤늦게까지 운영하는 카페나 베이커리와 달리, 플라워숍은 새벽에 신선한 재료를 구매해 와야 하기 때문에 아침 일찍 열고 저녁 일찍 문을 닫는 경우가 대부분이다. 이 모든 걸 혼자 한다면 매일 새벽부터 밤늦게까지 쉬지 못하고 일을 해야 하니 당연히 지쳐 나가떨어질 것이고, 각 분야의 전문가들이 뭉치는 경우라도 서로의 운영시간이 달라 애를 먹게 된다. 결국 멀리 내다볼 때 손님이나 운영자 모두에게 이로울 것이 없다.

나에게 창업 유전자가 있는가?

오랜 기간 국내외에서 꽃과 식물을 배우고 꾸준히 연습하여 훌륭한 기술을 갖춘 플로리스트가 되었다고 치자. 이제 준비가 되었으니 곧바로 자신의 이름으로 플라워숍을 열기만 하면 될까? 본격적인 이야기로 들어가기도 전에 힘을 빼는 이야기일지 모르겠지만, 남편과 나는 '창업에 적합한 사람은 따로 있다'는 생각이다. 그럼 창업에 적합한 사람이란 어떤 사람일까?

   천성적으로 친화력이 뛰어나고, 긍정적이며, 부지런하고, 종합적인 사고가 가능한 사람은 가게를 열었을 때 성공할 확률이 그만큼 높다. 바로 타고난 운영 능력, 즉 '창업 유전자'가 있기 때문이다. 반면, 실력은 뛰어나지만 대인관계에 문제가 있거나, 사회 경험이 부족해 종합적 사고를 하지 못하거나, 귀가 얇아 주변 사람들의 말에 좌지우지되는 이들은 창업 전선에서 낙오될 가능성이 클 수밖에 없다. 계속해서 사업에 실패하는 사람들을 보면 다른 영향도 있겠지만, 내가 말하는 창업 유전자가 결여된 탓도 있다고 본다.

   그렇다면 자신이 창업 유전자 혹은 창업 마인드를 갖고 있는지 어떻게 알 수 있을까? 가까운 지인들의 조언을 들을 수도 있겠지만, 실제로 플로리스트가 되어보지 않은 이들이 던지는 조언은 혼란을 가중시킬 뿐이다. 반면에 현업 플로리스트들은 자신이 처한 상황에 따라 객관적인 조언을 해주기 힘든 경우도 있다. 이럴 땐, 자신을 객관적으로 살펴볼 수 있는 방법을 이용하는 것도 도움이 된다. 자신의 강점, 약점을 스스로 써보면서 자신을 돌아보는 시간을 갖거나, 한 걸음 더 나아가 보다 객관적인 도구인 창업진단 검사, 성격유형 검사 등을 이용해보는 것도 좋다(노동부 워크넷을 비롯해 각종 소상공인 지원기관에서 여러 가지 툴을 이용할 수 있다). 이런 방법을 통해 본인의 창업 적성을 검증해보는 시간을 가진 결과, 무궁한 가능성을 발견하는 이도 있겠지만 그 반대의 경우도 있을 것이다. 내 가게를 여는 부푼 꿈을 안고 직장까지 그만뒀더라도 주변에서도 말리고 검사 결과도 부정적일 수 있다는 이야기이다. 그런데 여기서 분명히 짚고 넘어갈 것이 있다. 플라워숍을 창업하는 것과 플로리스트가 되는 것은 다른 문제라는 점이다.

내가 꽃과 식물을 좋아하고, 이들과 함께하는 것이 목적이라면 당장 창업을 할 필요는 없다. 유명한 플라워숍에서 트레이닝 과정을 거쳐 인정받는 플로리스트로 성장할 수도 있고, 전문 플라워스쿨에서 플로리스트를 양성하는 강사가 될 수도 있다. 그러다가 기회가 된다면 플라워숍이나 플라워스쿨을 열 수도 있을 것이다.

이런 자기 검증 과정을 통해 내 가게를 열기 위한 마음의 준비가 끝났다면, 이제 본격적인 준비 과정으로 들어가보자.

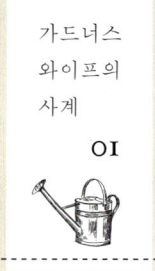

가드너스
와이프의
사계
01

florist eom says,
플로리스트가 되기까지

플로리스트가 되기 위한 첫발을 내디딘 건 정말 '꽃이나 배워볼까?' 하는 가벼운 마음에서였다. 2003년, 회사 업무로 인한 스트레스가 머리끝까지 차오를 즈음, 취미라도 가져서 마음 둘 곳을 찾아보면 어떨까 하던 차에 회사 근처 플라워숍에서 수강생을 모집한다는 소식을 듣고 망설임 없이 등록했다.

  레슨 첫날. 일주일에 한 번, 평일 저녁 시간을 택해 수업을 듣기로 했던 난 직장 동료들과 함께 플라워숍으로 향했다. 누구나 그렇듯 시작은 긴장 반 설렘 반. 선생님의 간단한 설명 후 테이블 위에 놓인 꽃들과 소재들을 살피며 서투른 손길로 꽃의 생김을 관찰하고, 줄기를 다듬고, 가지를 잘라내며 찬찬히 수업을 따라가다 보니 어느새 시간이 훌쩍 지나 있었다. 태어나 처음으로 꽃과 소재를 다뤄본 소감을 떠올려보면, 그야말로 '신기함' 그 자체였다. 보드라운 잎, 연약한 줄기, 다채롭다는 말로는 부족한 오묘한 빛깔들에 매료된 시간이었다.

이렇게 시작한 플라워레슨을 거듭해나갈수록, 꽃과 소재를 다루는 일에 조금씩 마음을 줘버렸다. 처음 마주하는 꽃들과 소재들의 이름을 외우고 생김새를 관찰하고 특성을 이해할수록, 소재와 꽃들을 선택해 내 손으로 더 조화롭게, 아름답게 만들어 보일수록 스스로 느끼는 자부심과 만족감은 기대 이상이었으니까.

꼼꼼한 업무 스타일 때문에 자초한 면도 있지만 업무량이 워낙 많고 실적에 대한 스트레스가 컸던지라 매주 꽃을 배우는 시간이 기다려졌다. 꽃을 통해 위로를 받다 보니, 마음속에서 좀 더 전문적으로 배우고 싶다는 생각이 움트기 시작했다. 혹여 있을지 모를 변수들, 통제하기 어려운 크나큰 회사일들에 힘겨워하기보다는, 온전히 내 손으로 통제가 가능한 일, 그러면서도 즐겁게 할 수 있는 일이 하고 싶어졌다.

이렇게 해서 직장생활 5년 차이자 플라워레슨 수강 2년째였던 2005년, 난 과감히 플로리스트의 길을 걷기로 결심하고 새로운 길을 찾아 나섰다.

퇴사 후 내 나름대로 여러 플라워스쿨을 찾아본 다음 마음에 드는 스타일의 스쿨을 선택한 후, 직접 방문해 플라워스쿨의 분위기를 살피며 강사와 상담을 했다. 그리고 각기 다른 스타일의 두 스쿨을 선택해 전 과정을 마치고, 현장 경험이야말로 실력을 끌어올리는 최적의 방법이라는 생각에 플라워숍에서 파트타임으로 일하기 시작했다. 플라워숍의 초보 직원 급여는 최저임금 수준밖에 되지 않기 때문에, 집 근처의 한 백화점에서 인테리어 컨설턴트로도 짬짬이 일하면서, 그야말로 기초부터 배워나갔다.

아침 일찍 플라워숍에 출근해 오후 퇴근 때까지 꽃 정리, 식물 관리, 주문 받기 등 세세한 업무부터 익히기 시작했다. 손님이 뜸한 시간이면 리본 묶기 및 포장 연습을 수없이 반복해서 손이 익숙해지도록 했다. 비교적 짧은 시일

안에 업무에 능숙해져 새벽 꽃시장을 다니며 꽃을 구매하고 들여오는 일까지 도맡아 하게 됐다. 그렇게 현장에서 고객을 상대하는 일은 내게는 새로운 경험이었다. 가장 가까이에서 고객의 반응을 접하고 원하는 디자인대로 만들어 보이면서 고객의 연령대와 취향에 따라 어떤 꽃을 선호하며 어떤 포장 형태를 좋아하는지 익힐 수 있었다.

나를 아껴주시던 가게 사장님의 도움으로 많은 것을 보고 경험한 나는 조금 다른 분위기의 플라워숍에서 근무해보기로 했다. 이곳저곳의 문을 두드려 일하고 싶다는 의사를 밝혔지만, 현실의 벽은 냉담하기 그지없었다. 특히 대부분의 플라워숍에서는 미혼의 나이 어린 사람들을 원했던 터라 20대 후반의 기혼자인 나는 이력에 상관없이 그저 제약조건이 많은 사람일 뿐이었던 것이다.

우여곡절 끝에 다른 플라워숍에서 근무할 기회를 얻었고, 다시 일에 매진할 즈음 새로운 욕심이 꿈틀대기 시작했다. 평생 꽃을 만지며 살아갈 거라면 더 늦기 전에 외국에 나가 새로운 스타일을 경험하고 창조적인 작업을 해보면서 시야를 넓히고 싶었다. 아마도 2~3년간 국내 플라워스쿨에서 수강도 해보았고, 몇몇 플라워숍에서 실무 경험도 익힌 터라 어느 정도 자신감이 붙은 영향도 있었다. 물론 나의 제안에 흔쾌히 응해준 남편의 지지가 제일 큰 힘이 되었다. 그렇게 해서 나는 얼마간의 준비를 거쳐 2006년 영국 연수 길에 오르게 되었다.

나만의 가게를 꿈꾸다

CHAPTER 02

창업을
준비하다

———

가드너 강세종

장기적인 안목을 가지고 시작할 것

플라워숍 예비 창업자들을 만나서 이야기를 나눠보면, 꽃과 식물을 너무 사랑해서 자기만의 가게를 꿈꾸게 된 사람이 있는 반면, 돈을 벌기 위한 수단으로만 접근하는 사람도 있다. 전자의 경우에는 좋아하는 일이 업이 되었을 때 발생할 수 있는 일에 대한 고민이 부족하고, 후자의 경우에는 자신이 관심 없는 일을 하는 게 얼마나 힘들지 모르는 경우가 많다.

창업하려는 분야의 일에 대한 애정이 넘치든 부족하든 창업을 한다는 것은 통계적으로 봐도 성공보다 실패의 확률이 높다. 그래도 주위에서 성공적으로 사업을 영위해가는 이들을 보면 몇 가지 공통점이 발견된다. 그건 바로 남과 다른 '창업의 자세'이다. 지극히 당연하고 기본적인 것 같지만, 창업을 계획하는 이라면 분명 고민을 해봐야 할 부분이다.

소위 대박이 나는 매장의 비결에 늘 등장하는 진부한 레퍼토리 같지만, 플라워숍은 다른 업종보다 주인이 모든 걸 더 잘할 수 있어야 한다. 살아 있는 재료를 이용한 작품을 판매하는 것이기 때문에, 재료 준비에서 배송이 완료

될 때까지 모든 과정을 주인이 꿰뚫고 있어야 한다. 그리고 플로리스트는 엄연히 기술직이기 때문에 주인으로서도 직원들을 통솔하기 위해 직원 어느 누구보다도 뛰어난 기술과 풍부한 경험을 갖고 있어야 한다. 그래야 숍의 일관된 스타일과 퀄리티를 유지할 수 있고, 혹여 갑작스러운 인력 변동이 있을 때, 그 부분을 주인이 채울 수 있다.

창업 자금이 부족해서 어쩔 수 없이 작게 시작하는 이들을 제외하고, 중장년에 직장생활을 그만두고 창업하는 베이비붐 세대의 늦깎이 창업자들을 보면 자신이 감당할 수 있는 범위를 넘어서 가게를 여는 경우가 있다. 나이만큼 모아둔 자금도 좀 있고 주위의 시선이 신경 쓰이기 때문이다. 〈가드너스 와이프〉 주변에도 권리금과 월세가 올라갈 대로 올라간 자리의 점포를 덜컥 계약한 이들을 보면 특히나 그런 경우가 많다. 무리한 권리금과 시설비를 투자해서 들어왔다가 높은 운영 비용과 준비 부족에 따른 매출 부진이나, 건물주의 변심(건물 매각 등)으로 1~2년 만에 투자한 돈을 몽땅 날리고 자리를 떠나는 경우를 부지기수로 목격했다.

초보 창업자는 실수를 먹고 자란다. 아무리 많은 훈련을 받았다고 해도 실전에선 예상치 못한 변수가 있기 마련이고, 창업의 첫 경험에서 시행착오를 겪다 보면 사업 방향 자체를 수정해야 할 수도 있다. 그런데 몸이 무거우면 그게 쉽지 않다. 투자를 많이 한 상황에서의 방향 수정은 또다시 추가 투자를 필요로 하기 때문이다.

〈가드너스 와이프〉도 처음 8평짜리 점포에서 2년, 그다음 자리를 옮겨서 10평짜리 점포에서 1년, 그리고 현재 2층까지 확장한 30평에서 9년째를 맞이하고 있다(2018년 기준). 처음 시작하던 때를 회상하면, 어떻게 그 작은 매장에서 운영을 했을까 하는 생각이 들지만, 조그맣고 인도에 붙어 있어 속이 훤히 보이는 매장이었기 때문에 부담 없이 들어오는 손님들과 부대끼며 동네 아지트 역할까지 할 수 있었다. 그 첫 자리에서 떠나온 지 오랜 시간이 지났지만 그곳에서 맺은 인연들이 지금까지도 계속되고 있는 걸 보면 바로 그것이 작은 매장의 힘이 아닌가 싶다.

그런데 8평짜리 작은 매장을 지금까지도 운영하고 있다면 어땠을까? 아마도 좁은 공간에서 반복되는 삶에 지쳐 있을 것이고, 지금처럼 아이템을 다 변화하지도 못했을 것이며, 이 책을 쓸 기회도 갖지 못했을 것이다.

가게를 하는 이들은 꿈의 크기만 다를 뿐 모두 저마다의 꿈을 먹고 산다. 내 가게를 한다는 것은 내 손으로 갈고닦은 조그만 가게가 조금씩 성장해나가는 것을 체험하는 즐거움이 있다. 작디작은 플라워숍이 실력 있다는 소문이 나고 이 소문이 점점 퍼져 멀리서도 손님이 우리 가게를 찾아오는 기쁨. 조그마했던 매장이 조금씩 더 커가는 모습을 지켜보면서 더 나은 미래를 꿈꾸는 것. 가게를 운영하는 사람만이 알 수 있는 행복이다.

하지만 큰 꿈은 준비된 자에게나 의미가 있는 것이지, 꿈만 크고 실천력과 실력이 따라주지 않는 이에겐 망상에 불과하다. 작게 시작해도 큰 꿈을 갖는 것, 그리고 그 과정을 올곧게 겪어나가는 자세가 필요한 이유이다.

직장인이었던 경험은 잊어라

30대 초중반에 창업의 길에 들어서서 이제 마흔을 훌쩍 넘은 나이. 나만 나이를 먹는 게 아니라 예전 직장 선후배, 동료, 대학 동창들도 나이를 먹어간다. 그중 어떤 이들은 인생 후반전을 준비해야 하는 상황으로 내몰리기 시작한다. 그리고 그들보다 조금 먼저 자영업자의 삶을 시작했고 어느 정도 안정적인 궤도에 접어든 내가 그들에게는 궁금증의 대상인지 지인들이 가게로 찾아오는 일이 종종 있다.

아직 직장인 티를 벗지 못한 그들의 이야기를 듣다 보면, 처음 창업을 생각할 때 어리숙했던 내 모습을 보는 것 같아 웃음이 나오곤 한다. 대학 졸업 후 대기업이나 중견 기업에 취업해서 현재의 위치에 오르기까지 잘 짜인 조직 시스템에만 익숙해져 있는 이들의 창업에 대한 생각은 대체적으로 다음과 같은 특징들이 있다.

- 내 적성에 맞고 좋아하는 일을 하면서, 내 시간을 가지고 일할 수 있을 것이라는 생각.
- 사회생활 경험도 많고 인맥도 넓으니 내가 뭘 하더라도 주변인들이 도와줄 것이라는 생각.
- 사회적 지위와 모아놓은 돈이 있으니 좀 번듯하게 규모를 갖춰 내 손에 물 안 묻히고 직원들을 부리면서 운영하겠다는 생각.

이런저런 고민을 다 들은 후 창업의 실제를 이야기해주면 기대했던 삶과

거리가 멀어 실망하는 친구들이 있는가 하면, 사장이 실무에서 손을 떼도 자동으로 돌아가는 시스템을 마련해야 한다고 나를 가르치려 드는 선배도 있다. 본인이 없어도 돌아가는 시스템에 몸을 담고 있는 사람은 그 시스템에서 몸을 빼기 전에는 자신의 생각이 왜 잘못되었는지 깨닫기 힘들다. 그것이 창업을 하기 전의 사람들과 창업을 한 후 여러 해 가게를 운영해본 이들의 차이점이다. 말로 다 설명해도 이해할 수 없는.

창업을 한다는 것은 곧 고객과의 접점이 자신이라는 것을 의미한다. 〈가드너스 와이프〉를 시작할 때 우리 부부 역시 이 부분에서 어려움이 있었다. 둘 다 대기업의 상품기획자 출신으로 일을 해왔기 때문에 숍의 주인으로서 고객을 어떻게 대해야 할지 처음엔 막막했다. 고객마다 원하는 바가 각기 다르기에 이를 맞춰나가기 위해서는 많은 대화가 필요하고, 살아 있는 꽃과 식물을 이용한 작품을 제작, 판매, 배송까지 책임지다 보면 가끔씩 발생하는 각종 클레임에 고객만족센터의 역할까지 해야 한다.

물론, 선물하는 이나 받는 이 모두 아름다운 꽃과 식물을 접하게 되기 때문에 대부분 부드러운 분위기에서 주문이 진행되긴 하지만, 살아 있는 생명체를 다루는 일인 데다 고객 개개인마다 취향이 다르다 보니 이를 맞추는 과정에서 주문자와 플로리스트 간에 생각의 차이가 생길 수 있다. 그리고 일부 연령대가 높은 손님들의 경우에는 플라워숍에 근무하는 사람들을 다소 하대하거나 대책 없이 가격을 깎으려는 경우가 있어 마음 상하는 일도 가끔씩 발생하기도 한다.

이처럼 플라워숍은 고객과 직접 소통하는 공간이며, 고객이 원하는 바를 최대한 맞춰나가야 하는 서비스 현장이다. 따라서 창업을 생각하는 사람이

라면 나를 낮추고 고객과 눈높이를 맞추는 연습을 끊임없이 해야 한다. 특히 자기 사업을 해본 경험이 없는 사람이라면 이 부분에서 더 많은 노력이 필요한데, 꽃과 식물이 아무리 좋아도 대인관계에서 문제가 생겨 숍을 그만두는 경우가 실제로 많기 때문이다. 직장생활에서도 일이 아니라 인간관계가 어려워서 힘들어하는 이들이 있는 것처럼, 창업 이후에는 직장생활 이상으로 인간관계에 더욱 힘써야만 살아남을 수 있다.

내 첫 가게, 어디가 좋을까?

플라워숍을 준비하던 시기부터 지금까지 나는 가는 곳마다 점포를 하기에 좋은 자리가 없는지 살피곤 한다. 플라워숍의 첫 시작을 소위 막 뜨기 시작한 서울의 삼청동에서 시작하면서 이런저런 부침이 많았던 관계로 자연스레 생긴 습관인데, 덕분에 좋은 자리를 보는 눈을 키울 수 있었다.

2006년 영국 연수에서 돌아온 아내와 나는 시간이 날 때마다 가게 자리를 알아보러 다니기 시작했다. 〈메리 앤 메리MERRY&MARRY〉라는 이름으로 첫 가게를 운영했던 삼청파출소 옆, 삼청동 중심가의 초입은 지하철역에서 올라오는 뚜벅이 고객과 차량을 이용한 고객이 만나는 좋은 입지였다. 하지만 인수 제안이 오기 전까지는 높은 권리금에 욕심만 나는 장소일 뿐이었.

우리는 첫 가게 자리를 찾기 위한 조사 대상 상권을 정할 때 다음과 같은 기준을 세웠다. 첫째, 내가 가장 잘 아는 상권이어야 하며(우리가 사는 집, 과거 혹은 현재 근무하고 있는 지역, 그 지역을 잘 아는 지인이 있는 지역), 둘째, 유러피언 스타일의 꽃과 식물에 대한 수요가 있는 상권(오피스 상권, 고급 주택가 상권, 아파트 대단지 상권, 대학가)이어야 한다는 것.

위의 조건에 충족되는 장소들을 찾아 여러 군데 둘러보며 지역을 좁혀갔다. 아내가 당시 근무하던 〈메리 앤 메리〉가 있는 삼청동 및 광화문 주변, 직장이 있었던 방배동, 논현동, 대학을 다녔던 신촌, 홍대, 전에 거주했거나 현재 거주지인 마포 공덕역 부근, 여의도, 연희동, 신사동 부근을 후보로 선정했다. 그렇게 후보지가 정해지면 해당 지역의 상세 지도를 출력한 후, 꼭 봐야 할 가게들을 지도에 표시하고 도보로 돌면서 해당 지역의 큰 회사, 유동인구, 사람들의 동선, 경쟁 플라워숍들을 파악하기 시작했다. 그렇게 몇 달간의 조사 끝에 몇 군데 장소로 압축이 되었다.

2006년 집중적으로 점포 찾기에 돌입했던 4곳의 지역을 살펴보면 다음과 같다. 당시와 지금은 많이 달라졌지만, 점포 찾기의 실례가 될 수도 있을 것 같다. 가령 자신에게 맞는 점포를 찾기 위해 여러 지역을 돌아볼 때, 어떤 점을 살펴야 하는지 등의 현장감을 익힐 수 있으면 좋겠다.

첫째, 전 직장이 있었던 서울 방배동 부근의 장점은 다음과 같았다. 전 직장의 본사 건물과 회사에서 직접 운영하는 대형 인테리어 매장 등이 위치하고 있어서 지인들의 지원이 가능하고, 매장을 방문하는 고급 고객들을 끌어들일 수 있을 것 같았다. 또한 방배동은 건물 1층에 플라워숍이 생기면 건물의 품격이 높아진다는 훌륭한(?) 마인드를 가진 건물주 덕분에 상대적으로 월세가 저렴한 편이었다. 그리고 일시적이긴 하지만 방배동 재개발 여파로 주변에 플라워숍이 거의 없어진 상황이라 경쟁력에서 우위를 점할 수 있었다.

> **플라워숍 하기 좋은 지역의 조건**
>
> **1. 자신이 가장 잘 아는 상권**
> 가령 사는 집이 있는 동네, 과거 혹은 현재 근무하고 있는 직장이 있는 지역, 그 지역을 잘 아는 지인이 있는 지역.
>
> **2. 꽃과 식물에 대한 수요가 있는 상권**
> 오피스 상권, 고급 주택가 상권, 아파트 대단지 상권, 대학가, 갤러리, 대형 공연장 등.
>
> **3. 내가 추구하는 플라워숍의 콘셉트와 어울리는 상권**
> 다른 점포들과 서로 도움이 되는 업종이 들어와 있는 상권. 예를 들어 인테리어 매장, 레스토랑, 베이커리, 디자인 계통의 스쿨(도예 등) 등.

단점으로는 마음에 들었던 점포들은 일방통행인 뒷길에 위치하고 있어서 손님들의 접근이 까다롭고 주차가 힘든 데다 매장 전면에 디스플레이를 할 공간이 부족했다. 게다가 건물 자체가 협소하고 주변에 큰 건물이 없어서 추후 플라워숍을 확장하거나 클래스, 스쿨 등으로 발전시킬 여지가 보이지 않았다. 또한 강남 고속버스터미널에 위치한 화훼 도매시장이 가까운 지역이라 판매 가격대가 강남치고는 낮게 형성되어 있는 상황이었다.

두 번째로 본 마포, 공덕역 부근은 우리의 거주지 부근이라 여유 있는 출퇴근을 할 수 있는 게 가장 큰 장점이었다. 마포, 공덕역 주변은 다양한 기업체들이 위치하고 있는 빌딩가라 법인 고객 확보가 상대적으로 유리해 보였다. 게다가 새로 지은 건물이 많아 권리금 없이 가게를 오픈할 수 있고, 만에 하나 플라워숍을 그만두고 철수하더라도 권리금을 받고 나갈 수 있는 가능성이 커 보였다.

하지만 당시 이 지역에는 유러피언 스타일의 플라워숍이 거의 없는 환경이라 차별화를 노릴 수 있는 기회가 될 수도 있겠으나 고객의 눈높이를 맞추는 과정에서 여러 어려움이 예상되었다. 무엇보다 마포 재건축 및 재개발 과정에서 점포의 임대료가 강남 수준으로 폭등한 것이 큰 단점이었다.

세 번째로 강남의 논현동 지역. 압구정동과 신사동이 만나는 부근으로 유러피언 플라워 스타일에 익숙한 구매력 있는 고객들을 만날 수 있는 장점이 있는 곳이었다. 아내가 학창시절을 보냈던 지역이라 선후배들의 지원이 가능하기도 했다. 하지만 지역 특성상 이름 있는 플라워숍과 스쿨들이 있어서 신생 플라워숍이 자리 잡기까지 만만치 않은 어려움이 예상되었다. 실제로 수많은 플라워숍들이 생겼다 사라지기를 반복하는 지역이기도 했다. 논현동 뒷길은 점포의 월세도 만만치 않고 권리금도 매우 높은 편이라 진입장벽이 높아만 보였다.

마지막으로 홍대, 상수동 및 이대 부근. 신촌 부근의 대학을 나온 우리에게는 아주 익숙한 지역이었다. 유명한 중심 상권이 포화되었을 때 주변으로 상권이 확대되어가는 현상을 생각하면 향후 좋은 기회가 올 수 있을 것이라는 판단이 드는 곳들이었다. 하지만 젊은 층 위주로 형성된 대형 상권이라 구매력이 약한 것이 약점이었고, 상권이 꾸준히 확장되면서 점포의 건물 자체가 매각될 수 있는 위험성이 높았다. 게다가 보증금과 월세가 계속 상승하던 추세였다.

이처럼 여러 장소를 수십 번 답사하며 고민 끝에 결정한 곳은 직장 동료들의 지원이 가능한 방배동 뒷길에 있는 한 점포였다.

가계약 후 찾아온 〈메리 앤 메리〉 인수 제안

그런데 며칠 지나지 않아 우리가 플라워숍 오픈 준비를 하고 있다는 얘기를 들은 〈메리 앤 메리〉의 사장님이 육아 때문에 매장을 더 운영하기가 힘든데 혹시 인수할 의사가 있느냐는 제안을 해왔다. 사실 삼청동, 광화문 부근에 욕심나는 자리가 있었지만, 당시 아내가 근무하고 있던 〈메리 앤 메리〉와 같은 상권에 매장을 낸다는 건 상도의상 있을 수 없는 일이기 때문에 포기했던 터라 그 제안은 무척 매력적이었다.

하지만 당시 뜨기 시작한 삼청동 분위기에 편승해서인지 감당하기에 버거운 권리금이 붙어 있었다. 게다가 가계약한 곳의 계약금도 포기해야 하며, 〈메리 앤 메리〉의 건물주는 임차인이 바뀌면 월세를 크게 인상하겠다고 엄포를 놓은 상황이기도 했다. 우리 둘은 머리를 맞대고 인수 시의 장점과 단점을 치열하게 고민한 후 정리해보았다. 독자적인 플라워숍으로 첫 오픈을 하지 않고 인수할 경우의 장점은 다음과 같았다.

〈메리 앤 메리〉는 이미 플라워 디자인이 뛰어나다는 소문이 나기 시작한 상황이었고, 주변에 청와대, 국무총리 공관을 비롯해 각종 정부 부처 및 공관들이 위치한 좋은 입지라 정기적으로 꽃 주문이 들어올 기회가 많았다. 더불어 삼청동 부근에는 갤러리나 미술관이 많아서 전시회 개관 시 꽃 주문과 동·서양란 주문이 많은 편이었다.

〈메리 앤 메리〉의 공간은 8평 정도로 협소했지만, 점포 전면에 디스플레이 공간이 충분히 있고 인도와 붙어 있어서 지나가는 사람들의 시선을 끄는 입지였다. 게다가 마을버스 정류장이 바로 앞에 있고, 유료 주차장이 점포 좌·우측에 있어서 뚜벅이 손님과 자가용을 이용한 고객 모두를 대응할 수 있었다. 무엇보다도 당시 아내가 근무하고 있던 매장이니 단골 고객과의 관계가 형성되어 있었고 고객 성향도 파악하고 있던 터였다.

부담스러운 권리금이 있었지만, 당시 삼청동이 매스컴의 주목을 받고 있어 유동인구가 급속도로 늘고 있던 때라 전략만 잘 짜면 1년 내에 권리금 회수가 가능하다는 판단이 들었다. 게다가 자영업자들의 경우 주변에 위치한 상가들과 관계가 좋으면 서로 도움을 주고받을 일이 많은데, 이 역시 이미 돈독해진 터라 장점이 많아 보였다.

그럼에도 불구하고 단점 역시 만만치 않았다. 삼청동 상권이 뜨면서 임대료가 급등해서 도심의 중심 상권과 다르지 않을 정도로 부담스러웠고 같은 이유로 건물주의 자녀들이 직접 매장을 차리는 일이 점차 늘어나고 있어서 장기적인 영업이 가능할지, 그리고 나갈 때 권리금을 돌려받을 수 있을지 알 수 없었다.

또 브랜드이자 상호인 〈메리 앤 메리〉는 웨딩플라워를 주된 아이템으로 선정해 만든 상호인데, 2006년 무렵에는 웨딩플라워 판매 비중이 낮아지고 스쿨에 더욱 치중하고 있었다. 로드숍과 플라워스쿨을 함께 운영하고, 추후에는 가드닝스쿨로 확장하고자 하는 우리의 사업방향과는 일치하지 않는 이름이라 고민이 되었다. 또한 고급스러운 이미지가 없고, 스토리텔링이 되지 않는 데다가 한글 발음으로 보면 메리 앤 메리, 메리 앤 매리, 메리 앤 마리 등 일반인들에게 쉽게 각인되지 않는 단점마저 있었다. 심지어는 강아지 이름으로 연상하는 사람까지 있었고 도메인(.com)도 확보되지 않아 홈페이지 개설 시의 문제점도 있었다. 홍보나 마케팅 측면에서 보면 싸이월드에 당시 2천 명 정도의 회원 수를 지닌 클럽을 운영하고 있었지만, 제대로 관리되지 못하고 있었다. 게다가 당시 일부 대기업은 사무실에서 싸이월드로의 접속을 차단해서 활동 회원도 감소한 상황.

이렇듯 당시 술렁이기 시작한 삼청동의 분위기 탓에 인수비용이 만만치 않아 나는 투자와 유지비용이 낮은 지역에서 가게를 여는 쪽으로 아내를 설득했지만, 아내는 〈메리 앤 메리〉 인수 쪽으로 마음을 굳혔다. 계속되는 의견 충돌로 우리 부부는 점점 지쳐갔지만, 결국 나는 아내의 의견에 힘을 싣기로 했다.

인수 문제로 그렇게 힘들 무렵, 아내는 스스로 돌아보는 시간을 가졌다고 한다. 처음 꽃을 배우기 시작한 순간부터 플로리스트가 되고자 결심할 때까지, 그리고 현재를 돌아보며 처음부터 아내가 목표로 해왔던 건 바로 '나만의 숍과 스쿨 갖기'였다고. 그간 쌓아온 경험과 노하우로 자신이 있었고, 최악의 상황이 발생해 손해를 보고 포기하더라도 절대 후회하지 않으리란 다짐을 했던 것이다. 이처럼 플로리스트 아내의 강력한 의지가 나를 설득시켰다.

플라워스쿨 마스터코스 김한나, 김혜원, 조은희 작품

드디어, 계약을 하다

그렇게 〈메리 앤 메리〉 인수와 새 점포 오픈을 두고 고민한 끝에 삼청동의 〈메리 앤 메리〉를 인수하기로 결정했다. 여러 가지 위험요인이 분명히 존재하고 있었지만 매력적인 부분이 더 많았고, 오랜 기간 준비하면서 다져온 실력에 자신이 있었기에 뜨는 상권에서 첫 승부를 걸어보고 싶었다.

창업 준비가 미숙하다면 우리처럼 현재 운영 중인 플라워숍을 인수하는 것도 좋은 방법이다. 권리금은 부담하게 되겠지만, 최종 인수 전까지 전 사업주와 함께 근무하며 거래처 인수, 운영 노하우 등을 전수받을 수 있어 창업 초기의 시행착오를 상당 부분 줄일 수 있다. 그런데 기존의 플라워숍을 인수하더라도 신규 오픈과 마찬가지로 점포 계약 시 신경 써야 할 부분을 다시 한 번 강조한다.

급격히 발전하는 상권의 경우 계약기간 중 건물 매각 혹은 계약 만기 연장 없이 건물주의 직접 운영 등으로 지속적인 숍 운영에 타격을 입을 수 있다. 즉, 최초에 투자한 권리금을 회수하지 못하고 쫓겨나는 일이 발생할 수도 있다는 뜻이다.

점포를 구할 때 권리금이 있는 경우는 정말 상권이 좋아서인 경우와 상권이 무너지고 있어 권리금으로 한몫 챙기고 철수하려는 상반된 경우가 있다. 그러므로 권리금이 높다고 무조건 좋은 상권이라고 착각해서는 안 된다. 미리 지불해야 할 권리금이 부담스럽다면 신축 건물을 눈여겨보는 게 좋다.

신축 건물의 경우 권리금의 절감이 가능하고, 다음 세입자에게 권리금을 받을 수 있는 가능성도 높기 때문이다. 단, 일부 악덕 건물주의 경우 빈 건물에 세입자가 모든 시설을 갖추고 영업하도록 한 후 계약만기를 연장하지 않고 퇴거를 요청한 다음, 그 설비를 이용해서 직접 영업하는 경우도 있으니 부동산 등을 통해 건물주의 성향을 미리 파악하는 게 좋다.

드디어 〈메리 앤 메리〉를 인수하는 계약에 들어갔다. 점포의 임대차계약을 위해 보증금과 함께 이전 운영자에게 지불할 권리금을 준비해야 했다. 아내가 직장생활 4년간 열심히 모은 소중한 돈이었다. 보증금이야 계약 종료 시 건물주에게 돌려받을 수 있지만 당시의 상가 임대차보호법으로는 권리금을 법적으로 보장받는 데 제약조건이 많았기 때문에, 이 돈을 처음으로 지불하는 창업자로서의 심정이 어땠을지는 충분히 짐작할 수 있으리라(실제로 계약일로부터 2년 2개월 후, 우리는 권리금을 회수하지 못하고 빈손으로 이 자리를 떠나게 된다).

계약에 앞서 보증금을 건물주에게 지급하기 전에 건물에 근저당권설정 등 문제가 없는지 등기부등본을 떼어 확인했다(대법원 인터넷등기소에서 누구나 확인이 가능하므로 점포를 임차하는 사람이라면 꼭 체크하자. www.iros.go.kr). 그리고 날인이 된 계약서를 가지고 세무서에서 사업자 등록을 마친 후, 보증금과 월세의 범위가 임대차보호법의 보호 대상이었기 때문에 세무서에서 확정일자를 받아 보증금에 대한 안전장치도 마련해두었다.

2007년 3월, 드디어 우리 부부의 첫 가게의 계약을 마쳤다. 우리만의 플라워숍을 시작하게 된 것이다.

점포 계약 전후에 주의해야 할 점

처음 창업을 하는 사람이라면 이 시점에서 신경 써야 할 점이 한두 가지가 아니다. 점포 계약 시 참고해야 할 점들을 정리해보았다.

1. 권리금은 전 사업주와 양도계약을 맺어야 한다.
계약서에는 양도받을 거래처, 집기목록이 포함되어야 하며, 동일업종 금지조항도 필수이다(숍 인근에서 영업불가, 동일 혹은 유사상호로 영업불가 등).

2. 가게 주변에 개발 계획이 없는지 확인한다(luris.molit.go.kr).
최악의 경우 점포가 입주한 건물이 개발로 밀리는 경우도 있고, 그렇지 않더라도 주변에 개발 계획이 있다면 추후 영업에 타격을 입을 수 있다. 설마 싶겠지만, 실제 시장조사 중에 비슷한 경우를 여러 번 목격했다.

3. 내 가게가 상가 건물 임대차보호법에 의해 보호받을 수 있는지 확인한다.
지역에 따라 환산보증금(보증금 + 월세 ×100)이 2억 7천만 원에서 6억 1천만 원까지 범위가 다르므로 반드시 확인하도록 한다.

4. 위의 내용들은 직접 체크한다.
앞서 말한 부분들은 부동산중개소를 통해 계약할 경우 도움을 받을 수 있지만, 중개소도 놓치는 경우가 있으므로 하나하나 직접 체크하는 게 좋다. 특히 건물주와 직접 계약할 경우는 더욱 신경 써서 확인해야 한다.

※ 상가 임대차보호법 개정에 따라 건물주의 횡포에 대한 대항 및 권리금 보호 규정이 대폭 강화되었다. 하지만 환산보증금 범위를 넘는 세입자들은 여전히 법의 사각지대에 놓여 있는 것이 현실이다.

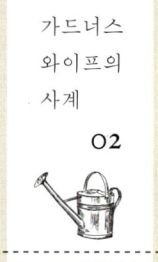

가드너스
와이프의
사계
02

gardener kang says,

현실이 만만하지 않은 예비 가드너

부산 토박이인 내가 어린 시절에 뛰놀던 한 정원은 곳곳에 여러 수종의 나무들이며 계절마다 색색으로 피는 꽃들이 있었다. 자연이 선사하는 멋진 풍광을 마음껏 누리며 자라온 것이다. 그러던 내가 대학 진학과 함께 20여 년을 서울에서 지내는 동안 제일 아쉬웠던 것 중 하나가 바로 각박한 서울의 환경이었다. 게다가 미술학도가 되겠다는, 다소 무모했던 꿈을 접고 부모님의 기대에 부응하기 위해 선택한 경영학도로서의 대학생활은 더 큰 물음표를 마음속에 만들 뿐이었다. 그러다 남들은 취업 준비로 바쁜 4학년의 어느 날 완전히 새로운 곳에서 나를 찾아보고자 네덜란드로 교환학생의 길을 떠났다.

네덜란드는 정성스런 손길이 느껴지는 공원들, 주말이면 으레 정원 가꾸기에 나서는 동네 사람들, 또한 화초뿐만 아니라 동네 슈퍼마켓에서도 다양한 알뿌리식물들을 판매하는 생활원예 강국이었다. 만약 당시에 가드너로 살고 있는 지금을 꿈꿨더라면 좀 더 많은 부분을 경험하고 느꼈을 텐데 하는 아쉬움이 남지만, 분명히 그때의 경험이 지금 가드너로 살아가는 데 밑거름이 되어준 듯싶다.

그 후 대학을 졸업하고 컨설팅 회사에 입사, 의욕 충만한 새내기 직장인이 되었으나 현장 경험이 없는 상태에서 밑그림을 그려야 하는 컨설팅 업무가 적성에 맞지 않았다. 고민 끝에 대기업에 재입사했지만, 날벼락 같은 IMF가 터지는 바람에 3년의 근무기간 내내 직장인의 우울한 뒷모습만 뼈저리게 느꼈다. 소모품처럼 취급되다 어느 순간 낙오될지도 모른다는 불안감 속에서 스스로 강해지지 않으면 안 된다는 생각이 싹텄다. 나만이 할 수 있는 일, 그러면서 보람을 느끼며 즐겁게 할 수 있는 일을 찾아야겠다는 굳은 결심은 이때부터 들기 시작했다.

대기업 퇴사 후 작은 규모의 회사로 옮겨 6년여간 해외상품 기획을 담당했다. 1년의 절반을 외국에 나가서 새로운 상품을 찾는 업무는 지극히 매력적이었다. 일본 업체와 파트너십을 갖게 되면서 수시로 일본을 드나들었다. 그 과정에서 원예 강국 일본의 원예 및 조경 분야의 상품 및 유통 쪽에 깊은 관심을 갖게 되었고, 나중에 이 일을 평생의 업業으로 삼으면 어떨까 하는 구체적인 생각을 하기에 이른 것이다.

결혼 후 얼마 지나지 않았던 2005년, 나는 과거의 상사로부터 그분이 창업한 조경회사에 참여해달라는 제안을 받았다. 원예와 조경 분야에 큰 관심을 가지고 있던 나는 앞뒤 가리지 않고 승낙했다. 좋아하는 일을 업으로 삼을 수 있는 기회라 뛸 듯이 기뻤지만, 아내의 반대가 만만치 않았다. 한마디로 상황이 역전된 셈이다.

사실 부부가 함께 새로운 모험을 시작하기에는 경제적 여건 등 현실적인 문제에서 자유로울 수 없었다. 쉽게 결정을 못 내리고 하루에도 수십 번씩 무엇이 최선인지 스스로에게 되물었지만, 결론은 역시 '반드시 해야만 한다'였다. 동경하던 일을 할 수도 있다는 기쁨에 안정성이나 급여 수준은 전혀 고려치 않았다. 지금 생각하면 어디서 그런 용기가 나왔는지 모르겠다. 원예학이나 조경학을 전공하지 않은 내가 조경업체에서 근무할 수 있는 기회가 어쩌면 이번이 처음이자 마지막일 수 있다는 간절함과 절박함뿐이었다.

어쩔 수 없이 초강수를 두어야만 했던 나는 아내에게 강하게 맞섰고, 결국 두 손 두 발 다 든 아내의 동의하에 그 일을 시작할 수 있었다. 회사의 배려로 자문을 구하던 전문가들에게 원예와 조경을 배우면서 기획뿐만 아니라 현장 업무에도 참여하며 소중한 하루하루를 보냈다. 온종일 원예와 조경에만 몰두하며 흙 냄새와 땀 냄새로 보냈던 이 시절이 내게는 더없이 귀하고 소중한 기억으로 남는다.

그렇게 1년 정도 지났을까. 상품 개발 방향에서 이견이 발생하자 투자자는 결국 준비해준 사무실 철수와 함께 투자금을 회수해 갔다. 졸지에 사무실에서 쫓겨난 직원들은 작업장으로 사용하던 비닐하우스에서나마 어떻게든 버텨보려 애썼지만, 몇 개월 후 결국 자본금을 모두 소진하고 하나둘씩 회사를 떠나야만 했다.

갑작스레 직장을 잃었지만 낙심하기보다는 그간 꿈꿔왔던 플라워 카페를 해보면 어떨까, 라는 생각이 먼저 들었다. 그즈음 영국에서 플라워레슨을 받고 있던 아내가 돌아오면 진지하게 의논해보기로 하고, 카페 운영에 필요한 모든 기술들을 습득하기로 했다. 카페의 가구들을 손수 만들어보고자 목공학원에서 DIY와 짜맞춤 기법을 익히고, 커피 바리스타 과정을 등록해 이론부터 창업까지의 과정을 들었다. 그리고 원예와 조경 지식을 보완하기 위해 세 곳의 학원을 등록해 각각의 장점을 흡수하고자 노력했다. 또한 컴퓨터와 사진촬영 기술 역시 필수로 배워야 한다는 생각에, 집 근처 학원에 다니며 포토샵과 웹디자인, 사진 강습까지 들었다. 이전에는 직장에 매인 몸이라 엄두도 내지 못했던 여러 기술을 배우고 익히는 데 보낸 꿀맛 같은 4개월이었다.

드디어 아내가 영국에서 돌아오고 나는 플라워 카페 창업에 대해 넌지시 운을 띄웠다. 아내는, 반대했다. 카페와 플라워숍을 겸하게 되면 어느 한곳을 소홀히 하게 될 것이며, 꽃이 좋아 시작한 만큼 꽃에만 매진하고 싶다고.

플라워 카페를 염원했던 나였기에 실망이 컸지만, 고민 끝에 아내의 생각을 존중해 단독 플라워숍 창업으로 의견을 모았다. 그리고 난 다시 플라워숍을 오픈하려는 아내와 함께하느냐, 아니면 잠시나마 꿈을 접고 새로운 직장을 잡아야 하느냐의 기로에 섰다. 성공을 확신할 수 없는 창업에의 도전. 스타일이 다른 부부 모두가 참여한다는 것은 위험 부담이 크다는 판단하에 일단 아내만 창업 전선에 서고, 나는 직장에 다니며 안정적인 소득으로 가계를 꾸리며 창업을 지원하기로 했다. 물론, 가드너가 되려는 꿈을 포기한 것이 아니기에 급여나 근무조건보다는 꾸준히 해오던 원예와 조경 공부를 계속할 수 있도록 시간적 여유가 충분하면서 동시에 창업에 실질적인 도움을 얻을 수 있었던 소규모 창업투자회사를 선택했다.

CHAPTER 03

나만의
브랜드 만들기

플로리스트 엄지영

가게 이름, 어떻게 지을까?

내 가게가 생기고 내가 지은 이름의 간판이 달릴 때의 흥분은 말로 표현하지 못할 만큼 짜릿하다. 긴 준비기간 동안 우리는 가게의 이름을 이미 지어놓은 상태였다. 바로 현재 숍의 이름인 '가드너스 와이프 Gardener's Wife'. 하지만 기존에 운영하던 플라워숍을 인수한 것이었기에 운영자가 바뀌었다고 곧바로 이름을 바꾸면 기존 고객들이 이탈할 수 있으므로, 간판은 그대로 두고 사업자명과 서류상의 이름부터 고객이 느끼지 못할 정도로 단계적으로 천천히 바꿔나가기로 했다.

플라워숍 상호를 검색해보면, 전통적으로는 한글 수식어를 이용한 'ㅇㅇ꽃집', 자신의 이름을 내세운 'ㅇㅇㅇ플라워' 등이 많지만, 최근에는 한글보다는 외래어를 이용한 상호로 변해가는 추세이다. 우리말로 가게 이름을 짓는 것도 의미가 있겠지만, 영어 단어를 이용한 상호를 좀 더 세련되게 받아들이기 때문인 것 같다. 영문 상호는 만들고 싶은 브랜드의 스토리텔링이나 방향을 상징, 압축하기에 수월하다는 장점이 있다.

그런데 요즘 플라워숍들의 영문 상호는 비슷한 것들이 너무 많다. 대표적으로 사용되는 단어들을 보면 꽃과 관련된 외래어 Bloom, Blossom, Flora 등이 많다. 게다가 이처럼 비슷한 이름들이 많아지자 차별화를 위해 난해한 외래어를 이용해서 짓는 경우까지 있다. 내가 브랜드 전문가는 아니지만 그동안의 경험을 통해 정리해보면 플라워숍의 상호 만들기에도 몇 가지 원칙은 필요하다.

- 상호는 내 가게를 표현하는 하나의 상징이므로 운영자의 개성을 반영, 표현할 수 있어야 한다.
- 외래어 상호는 누구나 아는 단어로 만들고 발음이 쉬워야 하며 너무 길면 안 된다.
- 자신의 이름을 내세우는 상호는 대중성과 유명세를 갖춘 후, 사람들이 인정할 정도의 식별력이 있을 때 의미가 있다.
- 향후 홈페이지를 만드는 것을 감안하여 도메인(.com)을 확보할 수 있으면 좋다.

우리만의 이야기를 담고 있는 상호

상호를 짓는 몇 가지 원칙을 나열했지만, 그중 가장 중요한 것은 상호가 나를 표현할 수 있어야 한다는 것이다. 다른 사람이 아닌 내가 가게를 열었고, 나의 손을 거쳐 정성 들여 준비한 상품을 판매한다. 그러니 가게의 이름이 '나의 스토리'를 담고 있어야 하는 건 당연한 것이다. 나를 담은 상호는 내 가게를 찾는 사람, 가게 간판을 쳐다보는 사람의 머릿속에 우리가 바라는 이미지를 그려주고 그들의 기억에 저장된다. 경영학에서는 이걸 '브랜드brand(상표)'라고 한다. 그렇다면 〈가드너스 와이프〉란 이름으로 우리는 어떤 이야기를 전하고 싶었을까?

가드너스 와이프. 가드너가 정원에서 직접 기른 꽃을 꺾어와 와이프에게 선물하는 것처럼 고객들에게 정성을 다한 작품을 준비하겠다는 의미를 담고 있다. 그리고 고객들에게 '가드너 = 강세종, 와이프 = 플로리스트 엄지영'으로 자연스럽게 연상되게 했다.

즉, 〈가드너스 와이프〉라는 브랜드는 가드너 남편과 플로리스트 아내가 함께 운영하는 사랑으로 가득 찬 공간이며, 각 분야의 전문가가 따로 존재하고 있다는 메시지를 전달하고 있다. 그리고 고객들로 하여금 이 둘이 어떻게 해서 이 가게를 열게 되었는지, 어떻게 살아가고 있는지 운영자들의 이야기를 살짝 궁금하게 만든다. 이는 전문적인 용어로 설명하자면 '스토리텔링 마케팅storytelling marketing'이다.

사업자 등록과 상표 등록

사업자 등록을 하려면 상호가 정해져 있어야 한다. 상호는 해당 지역 내에(서울이라면 지역구) 같은 상호만 없으면 제한 없이 사용할 수 있다. 사업자 등록은 관할 세무서에 임대차 계약서와 건물도면을 가지고 방문하면 된다.

상호는 사업자 등록을 위해서 반드시 필요하다. 만에 하나 마음에 드는 상호가 나오지 않는데 사업자 등록을 해야 한다면 일단 임의로 정한 상호를 등록한 후에 수정할 수 있고, 같은 지역이 아니라면 동일한 이름도 상호 등록이 가능하다. 하지만 평생 나의 일이 될 것이라면, 그 상호로 나를 보여줄 준비를 미리 해두는 것이 좋겠다.

그 첫 단계로 상표 등록이 있다. 조그마한 가게를 하면서 상표를 꼭 등록해야 하는 건 아니지만, 내 가게가 무럭무럭 성장해서 몇 년 후에 어떤 모습으로 변신할지는 아무도 모르는 법. 후일 브랜드가 강력해졌을 때 모르고 있다가 남들에게 뺏길 수도 있으니 미리 준비해서 손해 볼 건 없지 않을까?

상표 등록은 인터넷 특허정보검색서비스(www.kipris.or.kr)에서 등록 여부를 확인할 수 있고, 특허로(www.patent.go.kr)를 이용하면 변리사를 통하지 않고도 개인이 비교적 손쉽게 신청할 수 있다. 인터넷 블로그 등에 올라와 있는 혼자서 하는 상표 등록 방법 안내 글들을 참고하면 많은 도움이 된다.

하지만 상표 등록의 경우 등록 여부가 결정 날 때까지 일반적으로 1년 이상 걸리기에, 상표권을 안정적으로 확보하기를 원한다면 창업 전에 몇 가지 상표를 출원해서 등록 가능 여부를 미리 확인하는 것도 좋다.

인테리어와 설비 시 주의할 점

창업 책들을 보면 플라워숍은 인테리어 비용이 얼마 들지 않는다고들 한다. 꽃과 식물로도 인테리어 효과를 연출할 수 있다는 것인데, 이는 플라워숍을 해보지 않은 사람의 이야기가 아닐까?

그동안 세 번의 인테리어 공사를 경험하면서 왜 플라워숍 인테리어에 대해 제대로 된 조언을 해주는 책이 하나도 없는지 한탄스러웠을 정도였다. 생각보다 비용이 많이 들었고 미리 알고 있었더라면 비용을 줄일 수 있는 기회도 많았기 때문이다. 아마도 규모가 작은 점포 인테리어라 큰돈이 되지 않아 주목받는 프로젝트가 되지 못한 게 원인이 아닐까 싶다.

플라워숍에서 꽃과 식물이 큰 인테리어 효과를 내는 것은 맞는 말이다. 하지만 사시사철 이 식물들이 건강하게 잘 자랄 수 있게 하고, 돋보이게 하려면 꽤 많은 노력이 요구된다. 제한된 공간에서 판매, 제작, 포장 등 다양한 작업이 원활히 이루어져야 하기 때문이다. 그래서 작은 점포라도 디스플레이 공간, 작업 공간, 수납 공간 등을 염두에 두고 인테리어 디자인과 설비를 해야 한다.

만약 인테리어 설비에 자신이 없다면, 플라워숍 공사를 여러 번 해본 경험 많은 인테리어 업자를 만나야 한다. 플라워숍의 특징을 이해하고 있는 업자가 설계하고 시공한 공간은 시간이 가면 갈수록 그 강점이 부각된다. 효율적인 디스플레이 공간과 작업 공간의 설계가 만들어내는 매출 증대 및 시간 절약은 장기적으로 따지면 수천만 원 이상의 가치가 있기 때문이다.

그렇다면 실제로 플라워숍은 설비에 있어서 어떤 점을 주의해야 할까? 숍을 운영하면서 실제 경험한 일들을 위주로 정리해보았다.

첫째, 작업 공간은 다소 비용이 많이 들더라도 물에 강한 자재(철재, 스테인리스 등)를 쓰고 바닥은 에폭시 도장, 데코타일 등으로 하는 게 좋다. 가끔 바닥을 타일로 시공하는 경우를 보는데, 사계절 내내 습도가 높고 물이 많은 플라워숍의 특성상 미끄러지기 쉽고 줄눈에 끼는 때는 제거하기도 힘들기 때문에 유의해야 한다. 특히 전면의 유리창 면적이 넓다면 겨울철 유리에 생기는 습기 및 성에를 예방하고 실내 온도를 유지할 수 있도록 적합한 문의 형태와 유리의 선정, 습기로 인한 부식 방지 등 세세하게 신경 써서 시공해야 한다.

둘째, 꽃을 관리하고 식물을 키우는 데는 물이 많이 필요하므로 점포의 배관에 문제가 없는지 꼼꼼히 확인해야 한다. 노후한 건물의 점포일 경우 물에 섞여 내려가는 모래나 이물질 등이 관을 막아서 역류하는 경우도 종종 발생한다.

셋째, 숍의 인테리어를 고려하여 꽃 냉장고의 위치를 결정한다. 스테인리스 프레임이 그대로 노출되고 형광등이 켜져 있는 꽃 저장용 냉장고는 자칫 숍의 인테리어에 마이너스 요인이 될 수 있다. 따라서 냉장고가 보이지 않도록 설치하거나 인테리어 마감재로 냉장고 외관을 꾸며 숍 인테리어와 통일성을 주는 것이 좋다. 점포가 10평 이내의 작은 규모이고 건물 자체에서 냉난방이 제공되지 않는다면, 꽃 냉장고를 설치하지 않고 에어컨으로 매장 자체 온도를 낮춰 선도를 유지하는 방법도 있다. 이 방법은 동시에 고객이 꽃을 직접 고를 수 있게 하고 인테리어 효과까지 낼 수 있다는 게 장점이다. 단, 이 경우에는 수시로 물을 갈아줘야 하는 등 손이 더 많이 가고, 실내 온도를 사람이 아닌 꽃에 적합하도록 늘 최대한 낮게 유지해야 하기 때문에 근무자 입장에서는 애로사항이 있다. 또한 눈에 잘 띄지 않는 곳(전시대 아래, 작업대 아래 등)에 수납 공간을 짜놓으면 각종 자재 보관이 용이하다.

한편으로 바닥이나 벽 색상은 배송 전 작품 사진을 촬영하는 배경으로 사용하면 좋기 때문에 이를 고려해 결정하는 게 좋다. 플라워숍의 인테리어 설비에 관해 간단하게 설명했지만 실제 준비를 해보면 신경 쓸 것이 더 많으므로 점포 계약 후 인테리어 설비에 들어갈 때 위의 사항들을 기반으로 인테리어 업자와 충분한 협의를 거쳐야 시행착오를 줄이고 비용을 절약할 수 있다.

사실 〈가드너스 와이프〉 플라워숍의 인테리어가 특별한 것은 아니다. 처음엔 지나가는 사람들의 시선을 끄는 인테리어를 하려고 했지만, 건물주의 요청 때문에 원하는 만큼 못한 것도 있고, 막상 숍을 운영하는 과정에서 그 당시의 트렌드에 따라 움직이는 것보다는 실제 숍을 운영하는 이들이 편안하게 느낄 수 있는 실용적인 공간을 갖추는 게 더 중요하다는 생각을 했기 때문이다.

플라워스쿨 프로페셔널코스 김한나 작품

가드너스
와이프의
사계
03

florist eom says,

플로리스트로의 한 걸음, 영국 연수

플로리스트가 되기 위한 여러 방법 중 하나로 해외연수가 있다. 파티 문화와 함께 일찍이 발달한 외국의 플라워 디자인을 배우고, 문화적 감각을 익히고자 하는 이유에서다. 나는 예비 플로리스트 지망생들이 가장 선호하는 영국, 프랑스, 독일 중에서 주저 없이 영국을 택했다. 꽃과 정원 문화가 가장 앞선 데다 세계적으로 유명한 플로리스트들이 활발하게 활동하는 나라라는 점에 끌렸다. 물론 영어로 가르친다는 것도 한몫했다. 그다음으로 칼리지College에서 배울지, 사설 학원Private School에서 배울지 결정해야 했는데 망설이지 않고 후자를 택했다. 업계에서 2~3년간 공부하고 실무 경험을 쌓아왔기에 원하는 코스를 선택할 수 있는 사설 학원이 나을 거라는 판단이었다.

영국 굴지의 사설 학원 중 디자인 스타일과 코스 스케줄이 나한테 맞았던 '콘스탄스 스프라이', '제인 파커', '맥퀸즈'에 직접 이메일로 연락해 수강 등록을 마쳤다. 그리고 출발 직전 남편의 소개로 원어민 강사와 함께 한 달간 플라워 전문 서적을 독파했다. 영어 회화를 어느 정도 하더라도 플라워 관련 전문 용어를 미리 익히지 않으면 배우는 데 한계가 있을 거라는 남편의 추천에서였다. 이렇게 준비를 마친 나는 부푼 꿈을 안고 영국으로 출발했다.

콘스탄스 스프라이 Constance Spry

런던 교외에 위치한 이곳은 1928년 콘스탄스 스프라이 여사에 의해 설립된 전통 있는 역사를 배경으로, 꽃과 나무들이 우거진 곳에서 수업을 받는다. 선생님은 대개 나이가 지긋한 할머니, 할아버지였는데 이분들은 "보기에 예쁜 것만 중요한 게 아니다. 꽃이 행복해야 보는 사람도 행복하다"라는 가르침을 주었다. 플로리스트가 가져야 할 가장 기본적인 '꽃을 다루는 마음'을 일깨워준 것이다.

더불어 플라워 디자인의 기초라고 할 수 있는 작품의 전체 형태를 볼 수 있는 눈과, 형태를 자유롭게 만드는 능력을 갖출 수 있도록 해주었다. 생각을 하지 않아도 내 손이 자동적으로, 본능적으로 꽃을 꽂게 되는 단계에 오를 때까지 끊임없이 반복해서 연습하라는 선생님 말씀의 의미를 이제 조금은 알 수 있게 되었다.

이곳의 백미를 꼽으라면 바로 정원에 나가 필요한 꽃과 소재를 직접 잘라서 작업하는 수업인데, 신선한 충격으로 다가와 머릿속에 깊이 각인되어 지금의 〈가드너스 와이프〉라는 플라워숍의 이름을 짓는 데도 영향을 미쳤다. 안타깝게도 이 스쿨은 지난 2008년 1월 폐교가 됐다. 부디 다시 일어났으면 하는 바람이다.

제인 파커 Jane Packer, 맥퀸즈 McQueens

런던에 위치한 이 두 곳은 콘스탄스 스프라이와는 다른 디자인 스타일을 추구한다. 콘스탄스 스프라이가 자연스럽고 소박하다면, 이 두 곳은 화려하고 현대적이다. 고인이 된 플로리스트 제인 파커의 플라워스쿨은 우리나라에서 많이 해보지 않았던 큰 작품 위주의 수업과 공동 작업이 주를 이뤄 많은 도움이 되었고, 맥퀸즈는 실습은 많지 않으나 전문적인 시연을 다양하게 볼 수 있었는데, 국내 스쿨에서 배우고 현장에서 경험한 내용들 덕분에 초보자였다면 이해하지 못했을 부분까지 포함해서 보다 심도 깊은 이해가 가능했다. 또한 맥퀸즈는 다른 스쿨과 달리 실습 시 꽃 재료를 본인이 선택하도록 하기 때문에 그간 보지 못했던 색다른 소재들 위주로 신나게 작업할 수 있었다. 수업이 끝난 뒤에도 전 세계에서 온 다양한 국적과 경험을 가진 학생들이 만든 각자의 개성이 반영된 작품들을 감상하며 평가하는 시간을 가질 수 있었던 것은 나만의 스타일을 구축하는 데 큰 도움이 되었다.

해외 플라워스쿨 선택 시 고려사항

1. 국내에서 기본적인 실력을 먼저 갖추는 게 좋다.
해외 사설 학원들의 레슨 방식은 국내와 크게 다르다. 국내 스쿨처럼 꼼꼼히 가르쳐주지 않으며, 수강생 스스로 꽃과 화기를 골라서 작업하도록 하는 수업이 많은데, 플라워 디자인의 기초가 없는 상태에서는 따라가기 쉽지 않다.

2. 플라워 디자인 용어를 중심으로 현지 언어에 대한 준비는 필수이다.
현지어를 할 수 있다면 유학원 등을 통하지 않고 스쿨에 직접 연락을 취하여 수강 등록이 가능하다.

3. 인턴십에 대한 환상은 금물이다.
일부 스쿨에서 과정 수료 후 제공되는 인턴십의 경우 동양인 초보 플로리스트에게 비중 있는 역할이 주어질 것이라고 기대해서는 안 된다. 또한 수강생이 몰리는 시기에는 그 얼마 안 되는 기회를 위해 다른 수강생들과 경쟁해야 할 수도 있다.

CHAPTER 04

플라워숍의
운영 노하우

가드너 강세종

숍 운영에는 원칙이 있어야 한다

숍을 인수하고 인테리어 공사가 진행되는 동안, 우리는 플라워숍의 운영 원칙을 몇 가지 세웠다. 첫째, 매주 최소 3회 이상 도매시장에 나가 신선한 꽃을 들여올 것. 신선한 꽃을 들여와 꽃 냉장고를 쓰지 않고 관리하는 모습을 그대로 보여주는 건 꽃에 대한 아내의 철학이자 원칙이다.

둘째, 언제든 손님이 들어와서 구매할 수 있도록 인원을 충원해 휴무일을 없앨 것. 이전에는 일요일과 공휴일에 휴무를 했는데 그러다 보니 재고 관리에도 문제가 있었고 멀리서 찾아오는 손님들이 허탕을 치는 경우도 종종 있었다. 한 법인 거래처의 경우에는 주말에 급한 주문을 처리하지 못해 거래가 끊긴 일마저 있었다.

셋째, 우리가 직접 할 수 있는 것에 집중할 것. 인수 전에는 직접 처리하기 힘든 선물용 식물이나 난 주문을 외주거래처를 통해 진행했는데, 이 과정에서 고객의 기대에 어긋나는 상품이 배송되는 경우가 발생하곤 했다. 순간의 매출에 급급하기보다는 우리가 직접 작업하고 마무리까지 할 수 있는 범위

우리 플라워숍 해보면 어떨까?

내로 주문을 한정하고, 부득이한 경우에만 미리 양해를 구하고 외주거래를 진행했다.

넷째, 그동안 생화 판매 위주로 운영되던 형태에서 벗어나 다양한 식물과 가드닝 소품을 전시 판매할 것. 8평의 협소한 매장이지만 전면의 주차공간을 활용해 가드닝 상품을 진열하고, 당시 투잡 중이었던 나는 주말 및 공휴일이면 도매시장에 나가 판매할 재료를 준비했다. 이는 새로운 매출을 창출하는 의미도 있지만, 먼저 창업의 길에 들어선 아내와 당장은 함께하지 못하지만 꾸준히 원예 공부를 해온 나의 욕구를 모두 만족시키는 일이기에 가능했다.

비록 10평이 채 안 되는 작은 매장에서 시작하는 플라워숍이라고 할지라도 이처럼 운영 원칙과 그것을 관철시키는 마음가짐은 꼭 필요하다. 플라워 디자인을 아무리 잘한다고 하더라도 점포를 운영하고 매출을 관리하는 '경영 마인드'는 하루아침에 만들어지는 것이 아니다. 자부심을 가질 만한 남다른 운영 원칙이 있다면, 그리고 그것이 꾸준히 관철된다면 고객들은 알아보기 마련이다. 만일 고객이 먼저 알아봐주지 않는다면 숍을 구경하러 오거나 주문하는 고객들에게 그 원칙을 알리기 위해서 노력해야 한다. 주인부터 좋은 입소문의 시작이 되어야 나의 노력을 주변에 널리 알릴 수 있다.

다른 숍보다 멋진 플라워 디자인 스타일을 내놓는다고 해도, 운영의 기준이 되는 원칙이 없다면 직원을 이끌고 나가는 것도 힘들뿐더러 운영자 스스로도 하루하루 힘든 운영에 치여 방향 없는 매일만 남을지도 모른다. 그러므로 꾸준한 매출 상승과 발전을 바란다면 오픈 초기, 혹은 오픈 준비기에 자신의 플라워숍을 어떻게 운영할 것인지에 대한 세부 철칙을 세워보기를 바란다. 물론 운영해가면서 더 다듬고 변화, 발전시켜야 하겠지만.

얼마나 살 것이며, 얼마에 팔 것인가?

우리 부부는 둘 다 상품기획자로서 일을 했기 때문에 상품의 원가 구조에 대한 이해는 전문가 수준이었지만, 그동안 담당했던 상품은 꽃과 식물처럼 살아 있는 것이 아니었기에 얼마에 팔아야 이익이 남는지, 얼마나 재고를 들여놓아야 하는지 고민스러웠다. 주변에서 플라워숍을 운영하는 이들에게 조언을 듣긴 했지만, 숍마다 천차만별이었기 때문에 사실상 큰 도움이 되지 않았다. 그러니 직접 부딪쳐보는 수밖에.

재고 회전 속도와 가격 설정

그렇다면 상품 가격을 어떻게 정할 것인가? 이는 최종 공급가를 결정하기 전, 주변 상권의 판매가격 수준을 파악하는 시장조사에서 시작된다. 이때 주변의 동종 업체보다 저렴하면 당연히 경쟁력을 가지겠지만, 원재료비 외에도 재고 회전율이라는 개념을 고려해야 한다. 플라워숍은 앞으로 벌고 뒤로 밑지는 장사라는 얘기를 많이 하는데, 생화는 3~4일 내, 꽃이 핀 분화는 1~2주 내, 서양란은 3~4주 내에 팔지 못하면 상품성이 급격히 떨어지기 때문이다.

오픈 후 최초의 가격을 너무 낮게 설정하면 추후에 가격을 인상했을 때 고객 이탈이 높아질 수 있고, 너무 높게 잡으면 초기에 고객 확보 자체가 어렵고, 판매 부진으로 인한 재고 손실을 입을 수 있다. 따라서 초기 가격 설정에 있어 중요한 것은 '고객이 가격에 대해 납득할 수 있어야 한다'는 것이다. 별로 추천하고 싶지는 않지만, 주변 시세보다 저렴하다면 '오픈 기념 할인 행사'

라는 설명이 따라줘야 할 것이고, 주변 시세보다 비싸다면 왜 비싼지 명확한 설명이 가능해야 한다. 예를 들면 이틀에 한 번씩 새로운 꽃이 들어와서 신선한 꽃만 판매한다든지, 아니면 고가의 수입 꽃들을 위주로 쓰기 때문이라든지 누구나 설득 가능하도록 말이다.

적정 재고의 유지

경험이 부족한 창업자들은 적정 재고량 유지에 대한 감각이 부족하기 때문에 창업 초기에 상권의 구매 특징을 파악하기 전까지는 힘들더라도 자주 장을 보는 게 안전하다. 이렇게 1~2개월 정도 운영하다 보면 주문이 많은 요일이 언제인지 대략 감을 잡을 수 있고, 더불어 늘 싱싱한 꽃을 판매할 수 있다. 특히, 본격적인 창업을 하기 전 주변 지인들의 도움을 받아 매주 고정적으로 꽃이 들어가는 거래처를 확보할 수 있다면 적정 재고를 유지하는 데 큰 도움이 된다.

예약 주문 유도하기

지속적인 안내와 설명을 통해 고객이 이 플라워숍은 자주 꽃이 들어와 늘 싱싱한 꽃을 만날 수 있는 곳이라고 인식하게 되면, 그다음 단계로 '예약 주문'을 유도할 수 있다. 한 번이라도 안면을 익힌 손님을 위주로 예약 주문을 하면 원하는 꽃을 더욱 신선하게 받을 수 있으며 좀 더 풍성한 상품을 준비할 수 있다고 안내한다. 이런 설명을 반복하면서 고객들이 예약 주문을 하도록 이끄는 것이다. 예약 주문이 늘어나면 재고 손실이 줄어들어 결과적으로 마진율이 상승하며, 고객은 할인된 가격에 더 신선한 꽃을 제공받아 만족도가 더 커지게 된다.

플라워숍 세금신고 방법

정신없이 바쁘게 일하던 와중에 오픈 후 첫해가 훌쩍 지나가버렸다. 플라워숍은 매년 1월이 되면 '사업장현황신고'라는 것을 해야 한다. 부가세 사업자들은 분기별로 신고를 해야 하지만, 플라워숍처럼 부가세 납부 의무가 없는 면세 사업자들은 연간 발생했던 매출과 매입 자료(매출계산서, 신용카드 매출 자료, 매입계산서, 매입 세금계산서)를 모아 1년에 한 번만 신고를 하면 되고, 이를 기반으로 5월에 종합소득세가 산정되어 나오며, 종합소득세 과표에 따라 국민연금과 의료보험료도 산정 금액이 달라지게 된다.

이를 위해 사업자 등록 직후 고정적인 지출(전기, 전화, 인터넷, 수도) 명의를 사업자로 하고, 꽃과 식물의 경우는 도매시장에서 재료 구입 시 발생하는 영수증을 모아두어, 매입계산서를 발행받을 때 근거로 제시해야 한다. 그리고 연 매출이 6,000만 원 이하인 경우는 단순경비율에 따라 간단히 세무신고를 끝낼 수 있다(단, 4,800만 원 이상은 무기장 가산세 발생). 연 매출이 3억 원 미만인 경우는 간편장부라는 간단한 형식의 장부를 작성하고 그 합계에 따라 사업장현황신고를 한 후 장부는 보관하고 있으면 된다(제출의 의무는 없음).

이처럼 창업 초기 매출이 크지 않은 면세 사업자의 사업장현황신고는 세무 지식이 없더라도 크게 어렵지 않으므로, 홈택스(www.hometax.go.kr)를 이용해서 직접 신고해도 큰 문제가 없다. 신고 방법을 잘 모르겠으면 상담 예약 후, 관할 세무서를 방문하면 친절한 도움을 받을 수 있다.

경쟁 속에서 성장하다

생화 위주의 판매와 드문드문 레슨을 진행하던 매장 앞이 멋진 식물로 가득 차기 시작하자 한참 뜨기 시작한 삼청동에 모여든 출사족의 주된 촬영 대상이 되었고, 이 사진들이 인터넷으로 퍼지면서 〈가드너스 와이프〉는 삼청동 명소로 알려지게 되었다.

그러자 평일에는 광화문, 인사동 부근으로 나가는 꽃 주문이 대부분이었지만, 주말에는 기존의 꽃 주문과 더불어 늘어난 유동인구 덕분에 바로 사갈 수 있는 작은 화분의 매출이 늘어나기 시작했다. 일요일 휴무를 없앤 덕분에 고객은 물론 레슨 수강생도 늘었고, 주변 공관 및 레스토랑 등 정기적으로 꽃이 들어가는 거래처들이 확보되면서 매출이 급성장하기 시작했다.

하지만 성장은 곧 경쟁을 부르기 마련이다. 얼마 지나지 않아 반경 50미터 안에 플라워숍이 갑자기 3곳이나 생겨났다. 우리보다 몇 배가 큰 대형 플라워숍, 플라워레슨을 전문으로 하는 작업실, 그리고 옷집 겸 꽃집이 들어온 것이다.

막 자리 잡을 만한 시점에 가까운 거리에 경쟁업체들이 등장한 것은 큰 충격이었다. 특히 규모가 큰 플라워숍으로 고급 고객들이 넘어가기 시작하자 극도의 경계심과 긴장감이 들기 시작했다. 마치 작은 커피숍이 대형 프랜차이즈 가맹점에 밀려나는 것과 같은 상황이라고나 할까? 매일매일 분을 삭이지 못하던 나와는 달리 아내는 의외로 담담했다. 숍의 크기는 클지 몰라도 우리와 다른 스타일의 꽃을 디자인하는 곳이니 잠시 외유를 한 고객들이 머지않아 다시 우리에게 돌아올 거라고, 그러니 우리는 현재 하고 있는 작업들에 더 정성을 기울이자고 했다.

그런 정성이 통해서였는지 정말 얼마 지나지 않아 기존 고객들이 되돌아오기 시작했다. 게다가 그 고객들은 하나같이 고백했다. 새로 생긴 꽃집을 이용해봤는데 〈가드너스 와이프〉만큼 꽃이 싱싱하지도 않고 자신이 원하는 스타일도 아니었다고.

2년 차 징크스 극복하기

그렇게 성공적으로 시작했지만, 1년 내 권리금을 회수하고자 했던 바람은 이루지 못했다. 하지만 플라워숍 운영 2년 차가 되자 서서히 긍정적인 변화가 일어나기 시작했다.

우리나라 사람들이 꽃을 구매하는 횟수에 대한 통계자료를 보면 1년에 2~3회가 대부분을 차지한다. 이는 어버이날, 생일, 결혼기념일 같은 특별한 날 위주로 꽃을 선물하기 때문이다. 창업 첫해에는 제대로 인지하지 못했지만, 2년 차가 되자 작년에 주문해서 만족한 고객이 다시 주문을 하고, 그분이 또 다른 고객을 소개해주는 현상이 나타나기 시작했다. 신기한 경험이었다. 외식업과 같은 아이템에 비해 재주문이나 재방문 주기는 무척 길지만 고객이 고객을 물고 오는 현상이 지속적으로 나타났고 3년째가 되면서 고객이 4배 이상으로 늘어났다. 'ㅇㅇㅇ소개로 주문해요'라는 멘트와 함께.

그런데 안타까운 건 대부분의 초보 창업자들이 이런 경험을 해보지도 못한 채 포기한다는 것이다. 실제로 그동안 삼청동 인근에서 10개 이상의 플라워숍이 생겨났다 없어지기를 반복했는데, 거의 다 2년을 넘기지 못했다. 그러므로 플라워숍을 장기적으로 운영하고자 한다면 다른 업종보다 더 큰 인내력이 필요하다. 대부분의 사람들은 플라워숍에서 1년에 두세 번 꽃을 구매하는 것조차 자주, 혹은 많이 구매한다고 여기고 있으니까 말이다. 우리는 그런 현실 속에서 플라워숍을 운영해야 하는 것이다.

만약 당신이 이전에 월급쟁이였다면 플라워숍이 자리 잡기까지의 2년을 채 못 기다리고 중도에 포기하고 싶을지도 모른다. 그때 실무에서 직접 경험해본 우리의 이야기를 기억하고 다시 힘을 냈으면 좋겠다. 그러니 오픈 후 2년간은 창업의 첫 단추라 여기고, 이때 진짜 실력을 충분히 연마해두기를 권한다. 그것이 바로 남보다 뛰어난 우리 가게만의 경쟁력이 되어줄 테니까. 살아남은 것이 바로 성공이란 말을 잊지 않기를!

플라워스쿨 몰어바웃플라워숍코스 옥진희 작품

피눈물 나는 매장 이전

2008년 12월 24일, 크리스마스 이브 날. 밀려드는 손님들로 정신이 없던 오후, 청천벽력 같은 소식이 날아들었다. 건물주로부터 갑작스러운 퇴거 요구를 받은 것이다. 2년 계약이 끝나는 시점인 2009년 초, 바로 몇 달 후에 당장 가게를 비워달라는 것이었다.

우리는 할 말을 잃었다. 첫 매장을 성공시키기 위해 2년 내내 하루도 쉬지 않고 열심히 달려왔던 노력이 수포로 돌아갈 위기였다. 그동안의 노력이 물거품이 되는 것 같고 너무 억울해서 함께 통보를 받은 같은 건물에 입주한 점포 운영자들과 만나 자리를 가졌다. 다른 운영자들은 변호사를 선임하고 소송을 걸어 임대차보호법이 약속해주는 기간까지 버티겠다고 했지만 우리는 심각한 고민에 빠졌다. 이들과 함께 할 것인가, 아니면 깨끗이 포기하고 이 자리를 떠날 것인가.

사실 임대 기간을 보장하고 월세 인상률을 제한하는 상가 건물 임대차보호법은 해당 상권 내에서 영업을 계속해야 하는 업주에게는 현실적으로 큰 도움이 되지 않는다. 소송을 거는 다른 가게들은 비교적 규모 있는 회사의 지점이라 이 매장 하나 없어진다고 큰 타격을 입지는 않지만, 단독 매장인 우리는 소송을 걸었다는 사실 때문에 건물주들에게 나쁜 소문이 나 부근에 다시는 발붙이지 못하게 될 위험도 무시할 수가 없기 때문이다. 결국 소문나는 걸 각오하고 건물주와 법적 분쟁으로 갈 것이냐, 장기적으로 보고 깨끗이 포기할 것이냐 하는 선택을 해야 했다.

그렇다고 이 자리를 떠나 다른 곳으로 매장을 옮기자니 오를 대로 올라버린 삼청동의 권리금과 월세가 큰 장애물이었다. 권리금을 날리고 쫓겨나는 마당에 회수가 불확실한 권리금을 다시 내고 들어갈 수는 없는 노릇이었다. 그러나 우리는 고민 끝에 새로운 자리를 찾아보기로 했다. 그동안 이곳에서 쌓아온 노력을 수포로 돌릴 수는 없었다.

또다시 삼청동, 광화문, 효자동 부근의 점포를 찾아 헤매기 시작했다. 겨울 내내 주변 지역을 헤매며 새로운 보금자리를 찾기 위해 애썼다. 하지만 삼청동 부근에서 갈 수 있는 곳은 더 이상 없었고, 그나마 거리상 가까운 광화문 상권에서 자리를 찾는 게 현실적으로 가능한, 유일한 대안 같았다.

광화문의 새로운 자리로 이전을 결정해야 하는 기한이 하루 남은 날, 처음 보는 전화번호로 연락이 왔다.

"점포가 필요하다면 우리 건물로 들어올래요?"

삼청동 중심가에서 300미터 정도 앞쪽에 있는 사간동에 위치한 건물의 주인이었다. 우리 사정을 딱하게 여긴 단골 고객의 소개로 명함을 주고 온 지 3개월 만에 건물주로부터 연락이 온 것이다. 기적과도 같은 일이었다.

이렇게 해서 〈가드너스 와이프〉의 삼청동 두 번째 매장이 시작되었다.

2018년에 문을 연 성북동 매장.
30평의 플라워숍과 15평의 가드닝숍으로 2개 매장을 운영하고 있다.

공간 확장과 대형 거래처의 등장

2009년 3월 매장 이전 후 초반에는 다소 혼란이 있었지만 5월 성수기를 무사히 치르고 몇 달 만에 안정을 찾기 시작했다. 첫 매장보다 한가한 곳이고 유동인구가 절대적으로 적었지만, 단골 고객들을 잃지 않을 수 있다는 것으로 만족하기로 했다. 그리고 6개월 후, 그동안 주말마다 플라워레슨을 위해 빌려 쓰던 공간이 건물주가 바뀌거나 세입자가 변경되면서 모두 사라져버렸다. 그 바람에 부담을 각오하고 숍이 있는 건물의 2층에 갤러리로 사용되던 20평 규모의 공간을 레슨실과 창고 용도로 임차했다.

이와 같은 크나큰 변화를 겪는 한편 창업 3~4년 차에 접어들면서 새로운 대형 거래처가 생기기 시작했다. 그동안 꾸준히 원칙을 지키며 플라워숍을 운영해온 결실인 듯싶어 감사했다. 그런데 나중에 알고 보니 그 거래처들은 우리가 모르는 사이에 몇 번의 테스트를 마친 상태였다. 심지어 매장 실사까지 마친 곳도 있었다. 개인 고객과 달리 대형 법인 거래처는 생화 주문뿐만 아니라 동·서양란, 대형 화분, 화환 주문 등이 복합적으로 이루어지기 때문에 주문 건을 직접 제작하고 안정적으로 소화할 수 있는 플라워숍을 선호한다. 원래 의도는 레슨실 확보 차원에서 임차했지만 안정적인 화기, 화분 및 식물 재고를 가져갈 수 있게 해주는 2층 공간 덕분에 대형 거래처들의 신뢰를 얻을 수 있었고, 그들의 갑작스러운 주문에도 대응할 수 있게 되는 일석이조의 효과가 생겼다.

오픈 후 한 주기를 이루는 2년을 넘기면서 크나큰 시련을 겪었지만, 고통과 시련의 시간을 통해 우리 부부, 그리고 〈가드너스 와이프〉도 점차 단단해지고 발전했다. 이를 먼저 알아보는 고객들에 의해 거래처도 늘어났고 운영 원칙을 깨지 않기 위해 노력한 덕분에 새로운 기회가 우리에게 찾아오기 시작한 것이다.

플라워숍의 매출 구조는?

플라워숍의 매출 구조는 점포의 입지 및 성격에 따라 많은 차이를 보인다. 삼청동 중심가에서 소규모로 운영할 때는 생화와 작은 화분에 심은 식물 판매에 주력했지만, 매장 이전 후 공간이 확대되자 서양란 등의 중·대형 식물로 판매 아이템 수도 늘어났다. 매출 비율로 따져보면 초기에는 생화 60%, 소형식물 30%, 화환 등 기타 10% 정도의 구성이었지만, 현재는 생화 30%, 중·소형식물 30%, 대형식물(도매 매출 포함) 20%, 동·서양란 10%, 화환 등 10%의 정도로 구성비를 보인다(플라워레슨, 가드닝레슨은 반영하지 않음).

생화의 비율이 비슷하긴 하지만 구성은 한결 다양해졌다. 이전 매장에서는 개인 손님을 대상으로 준비하는 꽃다발, 꽃바구니 등이 위주였다면, 현재는 성북동, 삼청동, 광화문 부근의 회사나 공관을 대상으로 한 플라워 정기 관리 weekly flower, 출장 디스플레이, 웨딩 부케 등의 비중도 상당 부분을 차지하고 있다. 그리고 식물 매출의 경우 숍의 확장과 법인 거래처의 증가로 동·서양란, 중·대형 식물 화분의 비중이 예전에 비해 높아졌는데, 이들의 경우 외주를 준다면 더 많은 주문량을 소화할 수 있겠지만, 〈가드너스 와이프〉는 직접 제작을 원칙으로 하고 있어 다른 숍에 비해서는 비율이 다소 낮

플라워스쿨 마스터코스 옥진희, 이주연 작품

은 편이다.

그것은 외주를 통해 매출을 늘릴 수는 있지만, 고객의 신뢰를 잃지 않기 위한 우리만의 철칙이기도 하다. 품질이 일정치 않은 다량의 상품 판매로 매출을 올릴 것인가, 직접 제작 및 스타일링을 통해 고객 신뢰를 구축할 것인가를 결정하는 것은 운영자의 몫이다. 그러나 이 일을 평생의 업으로 삼고자 한다면 어떤 것을 선택할지 명확해질 것이다.

현재 매출에 급급해 고급 고객, 거래처들의 신뢰를 잃으면 오히려 장기적으로 더 큰 가능성을 잃어버리는 셈이다. 그러니 작은 플라워숍 운영에도 경영철학이 필요하다고 본다. 그리고 그것은 반드시 고객들도 알아본다.

플라워숍 창업, 동업 vs. 부부 운영

자영업 종사자에게 동업에 대한 의견을 물으면 동업에 찬성하는 이들과 반대하는 이들로 극명하게 나뉜다. 동업을 통해 투자의 리스크를 낮출 수 있고, 영업 면에서 더 많은 고객을 유치할 수 있는 장점이 분명히 있다. 하지만 의견 차이로 인해 갈등이 생기다 결국 수익 및 손실 배분 문제로 법적인 다툼까지 가는 등 실패 사례도 어렵지 않게 발견된다.

특히 플라워숍의 경우 동업에 실패한 사례들이 더 많이 발견되는 듯한데 이는 아마도, 생각의 차이는 대화를 통해 풀어갈 수 있겠지만 더 중요한 디자인 스타일의 차이는 좁혀질 수가 없기 때문이 아닌가 싶다. 이처럼 동업이 힘들기 때문인지 몰라도, 플라워숍은 유난히 부부나 가족이 함께하는 패밀리

비즈니스 형태로 운영되는 경우를 흔히 발견할 수 있다.

그런데 부부나 가족이 함께하는 경우는 서로 잘 맞으면 시너지가 생기는 반면, 서로 간에 갈등이 생기면 가정의 불화로 이어지기 때문에 신중할 필요가 있다. 〈가드너스 와이프〉는 아내와 내가 각자 자신의 영역에서 전문성이 있고 역할이 명확히 구분되어 있어 갈등 없이 시너지를 낼 수 있었다.

매사에 신중한 아내는 플로리스트로서 〈가드너스 와이프〉만의 스타일을 이끌어가고 발전시켜나가는 중책을 맡고 있어 늘 새로운 디자인을 만들어내는 데 집중하곤 한다. 가드너인 나는 본업인 가드닝 업무 외에도 고객 관리, 각종 상담 및 인터뷰, 주문 및 회계 관리, 블로그, SNS, 홈페이지 관리, 세무 신고 등의 제반 업무를 맡고 있다. 지금은 이렇게 숍에서 서로 뭐가 필요한지 눈빛만 봐도 알 수 있을 정도가 되었지만 처음부터 그랬던 것은 아니었다.

신중하지만 의사 결정이 느린 아내와 성격이 급하고 일 벌이기 좋아하는 나의 서로 상이한 업무 스타일은 갈등의 소지가 다분했다. 창업 시기에 합류하지 않은 이유도 함께 생활할 때는 몰랐던 서로의 이런 차이를 창업 준비과정에 들어서면서 절실히 느꼈기 때문이다. 대신 나는 밀착해서 지원이 가능하도록 소규모 창업투자회사에 입사해 투자 대상을 물색하는 업무를 맡았다. 덕분에 투자자의 입장에서 창업 시장을 보다 객관적으로 바라보는 시선도 갖출 수 있었다.

당시 회사 업무 특성상 일의 강도가 낮고 퇴근시간이 그리 늦지 않아 짬이 날 때마다 가게에 도움이 필요한 부분을 찾아서 지원하고, 퇴근 후에는 숍으로 출근해서 마감을 도왔다. 주말에는 식물 구매 및 판매, 그리고 가드닝레슨을 진행하면서 서로 성격이나 업무 스타일이 다른 부분을 서서히 맞춰나가는 적응기를 가질 수 있었다. 이런 결정의 배경에는 아내가 사방이 지뢰밭인 창업이라는 전쟁터에서 악전고투를 하는 동안 나는 직장을 다니며 경제적 안정을 제공해, 혹시 있을지 모를 사업 실패의 충격을 완화시킬 수 있다는 생각도 있었다.

이처럼 부부 및 가족 운영은 장점이 크지만, 운영의 주체와 역할이 분명히 구분되어야 하며(작은 가게라도 엄연히 하나의 회사이므로), 구성원 각자가 자기 분야에 전문성을 갖추고 준비가 된 다음 참여하는 게 일이나 관계를 위해 좋을 것이다.

플라워숍의 운영 노하우

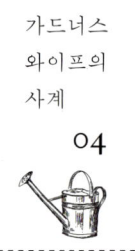

가드너스
와이프의
사계
04

florist eom says,
플로리스트의 하루

`5:30~`

10년째 새벽 기상을 해온 나는 알람시계보다 더 정확한 생체리듬에 따라 알람이 울리기 직전 지체 없이 눈을 뜬다. 한 시간 안에 준비를 마치고 도매시장으로 출발한다. 일주일에 3회 이상, 대개 월, 수, 금요일에 시장을 찾는데, 주로 반포나 양재 시장을 이용한다. 급한 주문이 있을 때를 제외하면 보통 6시30분쯤 시장에 도착한다. 먼저 어젯밤에 정리한 주문용과 레슨용 구매 목록을 들고 시장을 한 바퀴 돌며 빠르게 체크해나가며 꽃의 가격과 상태를 확인한 후 본격 구매에 들어간다.

`8:30~9:30`

내가 시장에 있는 동안 〈가드너스 와이프〉의 식구들은 밤 사이에 도착한 카톡, 메일, 팩스 주문을 확인한 후 현황판에 붙여놓는다. 그 다음 모두 함께 꽃 정리 작업을 시작한다. 시든 꽃은 버리고 많이 펴서 판매가 힘든 꽃은 밖으로 빼낸다. 싱싱한 꽃들은 줄기를 다듬은 후 깨끗이 씻은 화병에 넣어 둔다.

9:30~11:00

구매한 꽃을 뒷좌석과 트렁크에 가득 싣고 매장에 도착하면 〈가드너스 와이프〉의 식구들이 모두 나와 1층 매장과 2층 레슨실로 옮기기 시작한다. 먼저 종류별로 꽃을 분류하고 물 올림 작업을 시작한다.

11:00~13:00

물 올림(157쪽 참고)을 마치면 당일 주문과 예약 주문을 살필 차례. 〈가드너스 와이프〉의 식구들이 모두 모여 작업 계획과 순서를 논의한다. 배송 주문이 있을 때는 차량도 예약한다. 먼 지역으로 나가는 주문은 싱싱하게 유지하기 위해 더 많은 신경을 써야 한다. 점심시간 때 직장인 손님이 많은 편이라 가게를 비울 수가 없어 식사는 배달음식으로 해결하곤 한다.

13:00~18:00

간단히 식사를 마치고 나면 오후에 있을 플라워레슨 준비를 시작한다. 아침에 장 봐온 재료들을 수강생의 숫자만큼 나누고 각자의 자리에 놓아둔다. 레슨 도중 수강생이 꽃을 부러뜨리거나 해서 재료가 부족한 경우를 대비해 여유분도 따로 준비한다. 모든 준비가 끝나고 레슨을 시작한다. 레슨이 끝나면 그날 배운 내용에 대한 질문이나 창업을 비롯해 다양한 문의가 있는 수강생들과 상담시간을 갖곤 한다. 특히 창업을 목표로 하는 수강생들의 경우에는

더 많은 이야기를 나누고 지금까지의 준비상황과 앞으로의 계획을 함께 짚어
보기도 한다.

18:00~19:00

숍에 진열된 생화 재고를 살펴 재고 목록을 작성한 다음 슬슬 퇴근 준비를
한다. 운영시간이 오전 9시부터 오후 7시까지라(주말, 공휴일은 오후 6시) 짧
아 보이지만 우리로서는 새벽 6시부터 일을 시작한 셈이니 꽤 긴 하루이다.
폐점을 한두 시간 늦추는 일은 소득이냐 건강이냐를 두고 선택해야 하는 문
제이기도 한데, 우리는 단호히 건강을 우선시했다. 그런 이유로 퇴근시간은
반드시 지킨다.

20:00~22:00

귀가 후에도 늦은 시간까지 업무의 연장이다. 특히 다음 날이나 주중에 수업
이 있을 경우 어떤 테마로 어떤 디자인을 선보일지, 필요한 재료는 무엇인지
등을 고민하고 꼼꼼히 체크한다. 그리고 동시에 예약 주문과 레슨 상담이 계
속된다. 예전엔 저녁시간에도 통화를 하느라 다소 힘든 부분이 있었지만, 요
즘은 주로 카톡을 이용하기 때문에 예전보다는 여유 있는 상담이 가능한 편
이다.

23:00~

이제 겨우 잘 시간, 이른 새벽부터 서두른 점을 감안하면 취침이 조금 늦은
편이다. 숍 오픈 당시에는 일주일에 세 번, 오늘처럼 일하고 나면 녹초가 되
기 일쑤였다. 하지만 일에 요령이 생겨 그럭저럭 익숙해졌다. 내일은 새벽 시

장에 가지 않아도 되니, 오늘보다 한두 시간 더 늑장을 부려볼 만하니까. 물론 생체시계에 맞춰 5시 30분에 한 차례 번쩍 눈을 뜨긴 하겠지만.

CHAPTER 05

플라워숍
어떻게 홍보할까?

_____

가드너 강세종

고객은 저절로 늘지 않는다

서두에서 예전과 달리 고객의 감각이 바뀌었다는 이야기를 했다. 고객이 바뀌었기 때문에 플라워숍도 변해야 살아남을 수 있다. 같은 이유로 홍보 방법도 반드시 바뀌어야 한다. 현재 플라워숍을 운영하고 있는 사람이라면 뼈저리게 공감할 것이다.

창업을 준비할 때는 나만의 멋진 가게를 꾸며놓고 오픈을 하면 손님이 당장 들어올 것이라고 생각하기 쉽다. 그렇게 생각하고 이런저런 운영과 재료 준비에 여념 없겠지만, 장사란 것이 그렇게 쉽게 진입할 수 있는 세계가 결코 아니다. 시장조사와 점포 계약, 드디어 인테리어 공사까지 끝내고 정성을 다해 꾸며놓은 나만의 가게. 그런데 오픈을 한 후 매장에 손님이 들지 않는다. 새벽 시장에서 사온 꽃들은 서서히 시들기 시작하고, 기다리는 주문 전화는 안 오고 창업자를 위한 대출 전화나 팩스만 들어올 뿐이다. 이런 상황이 계속되면 신참 창업자들은 우울증에 빠질 수밖에 없다.

이는 신참이 아니라 어느 정도 경험이 쌓인 창업주들도 마찬가지일 것이

다. 당시 3년 차였던 〈가드너스 와이프〉도 삼청동 중심가에서 외곽으로 밀려나자 몇 달간 숍을 찾는 고객 수가 이전의 5분의 1 정도로 급감해 심각한 고민에 빠진 경험이 있다. 그래도 기존 단골 고객이 버텨나갈 힘이 되었고, 새로운 자리에는 또 새로운 고객이 오기 마련이니 시간이 해결해주었다. 하지만 신참 창업자에게는 매일이 견디기 힘든 고통으로 다가온다. 아직 시간의 힘을 경험한 때도 아니기에.

그럼 어떻게 해야 하는 것일까? 일단 월세라도 낼 수 있도록 꽃 배달 체인에 가입을 해야 할까? 아니면 거리로 나가서 홍보용 책받침이라도 돌려야 할까? 처음 창업을 고민할 때 지인을 통해 소개받은 플라워숍 사장님에게 이런 말을 들었다. 플라워숍은 월세가 100만 원을 넘어가면 운영이 어려우니 월세가 저렴한 뒷길이나 오피스텔에 작업실을 얻어서 시작하라는 것이었다.

하지만 우리 생각은 다르다. 주위의 플라워숍 창업 사례들을 보면 가족이나 지인들의 도움으로 초기부터 안정적인 거래처를 확보하는 경우나 원래 다른 곳에서 숍을 운영해서 안정적인 단골 리스트를 확보한 상황에서 그런 입지로 매장을 옮겨가는 것이라면 모를까, 초기 창업자에게 B급 입지는 자칫 잘못하면 치명적이 될 수 있다. 첫 가게를 열 때 점포 규모에 비해 월세도 비싸고 권리금까지 있던 〈메리 앤 메리〉를 인수했던 이유는 별도로 신규 홍보를 하지 않아도 사람들의 주목을 받을 수 있는 좋은 입지 조건을 갖춘 점포였기 때문이었다.

당시 뜨고 있던 삼청동 중심가에서도 중심에 있었기 때문에 작지만 플라워 디자인 스타일이 뛰어난 예쁜 플라워숍으로 소문이 나기 시작하자 각종 잡지사, 언론사에서 인터뷰 및 취재 요청이 들어왔다. 전혀 일면식도 없고 부탁 한 번 한 적 없는 기자들에게서 연락이 왔고 일단 기사가 나가자 그것을 보고 또다시 취재 요청이 들어왔다. 홍보업체를 이용하거나 누구에게 부탁해서 기사를 내본 적이 단 한 번도 없었는데 말이다. 만일 이미 지급한 계약금이 아까워 방배동 뒷길에 위치한 매장을 계약했더라면 절대 가질 수 없는 기회였을 것이다.

그렇다고 꼭 월세나 권리금이 비싼 곳에서 첫 매장을 시작하라는 말은 아니다. 어느 곳에 자리를 잡느냐, 그리고 매장을 어떻게 꾸미느냐가 오프라인 플라워 로드숍의 홍보에서 가장 중요한 기본이므로 입지 선정과 인테리어에 충분한 검토와 고민이 필요하다는 뜻이다.

작품으로 말한다

〈가드너스 와이프〉에서는 고객들에게 판매하는 꽃과 식물을 모두 '작품'이라고 부른다. 하나의 명작을 만들듯이 모든 정성을 기울이겠다는 의지의 표현이자 우리 구성원 스스로가 가지는 자부심의 표현이기도 하다. 그리고 다소 뻔한 얘기라고 할지 모르겠지만, 플로리스트와 가드너가 정성을 다해 준비한 '작품'만큼 강력한 홍보 수단은 없다.

정성을 다해 만든 작품에는 〈가드너스 와이프〉 태그tag와 사진 스티커가 들어가고, 관리법을 함께 넣어주는데 이는 우리의 작품을 받은 사람과 우리를 연결하는 소중한 연결고리가 되어준다. 작품에 만족한 고객이 작품에 달려 있는 태그를 떼어내 보관해놓았다가 본인이 주문할 때 연락을 취하게 만드는 것이다. 홈페이지에 있는 사진이 아니라 실제 작품을 눈으로 보았기 때문에 더 큰 신뢰를 갖고 주문을 하게 된다.

이처럼 정성이 가득한 멋진 작품을 선물받고 느끼는 만족감은 새로운 주문을 통해 고객 창출로 이어지고, 분당, 일산, 인천, 수원 등의 먼 거리에 있는 고객들이 비싼 배송료를 물면서까지 주문을 하게 만드는 원동력이 된다. 특히 법인 거래처의 경우 우리의 작품을 받고 만족한 대표이사 및 임원들의 지시로 〈가드너스 와이프〉가 새로운 거래업체로 선정되는 기회가 만들어지기도 한다.

"언제나 믿고 주문할 수 있어서 얼마나 감사한지 몰라요."

고객들의 이 한마디에 우리는 최고의 순간을 경험한다.

인터넷으로 홍보하기

〈가드너스 와이프〉를 오픈하기 전 아내가 영국에서 공부를 하고 있던 2006년, 나 역시 회사를 그만두고 몇 달간 원예, 목공, 도예, 사진, 커피, 와인 등을 원 없이 배웠다고 앞에서도 언급했었다. 그리고 그 내용들을 기록하기 위해 블로그에 꼬박꼬박 글을 올리기 시작했다. 그러던 어느 날, 블로그의 하루 방문자 수가 서서히 늘더니 갑자기 2~3만 명이 넘기 시작했다. 엄청난 수의 댓글이 달리고 이웃의 숫자도 급증했다. 네이버 측에서 내 블로그의 콘텐츠가 좋다고 메인 페이지에 소개한 덕분이었다.

요즘의 파워 블로거들의 글이나 사진에 비하면 턱없이 부족했지만, 당시에는 내가 배우고 있던 다양한 분야의 경험을 담은 포스팅이 재미있게 느껴졌던 모양이었다. 첫 노출에 대한 반응이 좋자 메인과 서브 페이지에 다른 글들까지 연달아 소개되기 시작했다. 그렇게 총 6~7회에 걸쳐 블로그가 소개되자 이웃이 1천 명에 육박할 정도로 늘어났고, 나름 파워 블로거가 되어버렸다.

다시 직장으로 복귀한 후 블로그에 예전처럼 글을 올릴 수 없게 되면서 2007년 초부터는 아내가 먼저 시작한 〈가드너스 와이프〉의 이야기를 올리기 시작했다. 하지만 갑작스러운 숍 이야기에 많은 이웃들이 이웃관계를 끊었고, 네이버도 홍보 글이 올라오는 족족 블로그를 아예 보지 못하도록 정지시켜버렸다. 요즘은 '블로그 = 홍보' 공식이 당연하게 여겨지지만, 당시만 해도 블로그의 순수성이 남아 있던 때라 갑작스럽게 상업화된 나의 블로그는 네이버뿐만 아니라 이웃들에게도 배신감을 안겨줬던 모양이다. 그러나 그로부터 몇 년 사이 블로그의 상업화는 막을 수 없는 대세가 됐고 이젠 블로그를 홍보용으로 사용하지 않는 숍은 찾아보기 힘들 정도가 됐다.

블로그를 이용한 홍보 경험을 돌아보면, 운영자의 진솔한 이야기가 담긴 블로그만이 공감을 얻을 수 있고 스토리텔링 마케팅의 효과적인 도구가 될 수 있다. 흔히들 숍 홍보를 목적으로 하기에 '꽃으로 인해 행복해요'라는 식의 미화된 이야기를 많이 올리는데, 그보다는 매장 운영 시 겪는 실수담, 기쁨과 아픔 등 솔직한 이야기를 담고 다양한 정보를 함께 제공하는 쪽을 권한다.

사실 플라워숍 운영자가 블로그에 꾸준히 글을 올리는 일은 생각보다 무척 어렵다. 바쁜 와중에 이웃들이 자주 방문할 수 있도록 관리하고, 새로운 이야기들을 꼬박꼬박 풀어나갈 자신이 없다면 블로그보다는 차라리 인스타그램이나 페이스북을 이용하는 게 나을 수도 있다.

매장의 얼굴, 홈페이지를 개설하다

그런 일을 겪고 나자 블로그를 이용한 홍보는 줄이고 홈페이지 개설을 준비했다. 거창하게 만든 홈페이지의 경우 유지보수 비용이 더 많이 들기 때문에 정보 전달에 충실하고, 내가 직접 유지보수, 관리할 수 있는 단순한 구성의 홈페이지를 만들었다.

〈가드너스 와이프〉의 홈페이지는 이전에 운영하던 블로그와는 달리, 온라인 상에서 매장의 얼굴 역할을 하는 것으로 마치 회사 소개를 위한 카탈로그처럼 공식적인 분위기를 목표로 했다. 맞춤 제작을 원칙으로 하는 숍의 특성상 기성품을 판매하는 쇼핑몰은 아닌지라 〈가드너스 와이프〉의 작품을 참고할 수 있는 포트폴리오 공간을 만들고, 우리 가게와 스태프에 대한 소개, 그리고 매스컴에 노출된 자료 등을 실었다.

그런데 플라워숍 홈페이지는 과연 필요한 것일까? 초보 창업자의 입장에서는 홈페이지 제작비, 호스팅 비용, 도메인 비용 등이 부담스러울 수 있다. 약간의 글솜씨와 사진만 있으면 운영할 수 있는 블로그와 달리 홈페이지는 숍의 공식적인 얼굴이다. 그만큼 공신력을 제공할 수 있고 또 그래야 한다는 의미이기도 하다. 아직은 내세울 경력도 없고 경험도 부족해서 홈페이지에 채울 내용이 부족하다면, 처음부터 홈페이지를 만들기보다는 가상의 홈페이지를 스케치해보다가 운영에 내공이 쌓였을 때 개설, 오픈하는 것도 좋을 것이다.

커뮤니티를 운영해보자

블로그, 홈페이지와 함께 플라워숍들이 홍보를 위해 많이 운영하는 것으로 네이버 카페, 다음 카페 등의 커뮤니티가 있다. 이런 커뮤니티의 운영 형태를 보면, 플라워숍이 자신만의 공간을 운영하는 경우와 연합체 형태로 운영하는 사례가 있다.

2004년 〈메리 앤 메리〉 때부터 운영하던 싸이월드 클럽은 최근까지 〈가드너스 와이프〉 '플라워스쿨'과 '가드닝스쿨' 수강생들의 학습 공간으로 활용했다. 수강생들이 수업에서 배운 작품을 직접 촬영해 올리고 다른 선후배 수강생들의 작품과 비교하면서 자신만의 스타일을 찾을 수 있도록 도움받는 자료실로 이용함과 동시에, 스스로 연습한 작품을 올려 선생님과 동료들의 의견을 묻는 자율학습실로서 활용한 것이다.

2004년부터 현재까지의 방대한 자료가 축적되어 있다 보니 〈가드너스 와이프〉 플라워 디자인의 변천사를 볼 수 있고, 수강생들이 개인 작업이나 창업 시에 큰 도움을 받을 수 있는 공간이었다(이제는 페이스북에서 비공개로 운영하는 가드너스 와이프 패밀리 그룹으로 그 바통을 넘겨주었다).

이와 같이 매장 운영 경험을 쌓아가면서 인터넷 홍보를 위해 블로그, 홈페이지, 카페 등을 차근차근 만들고 운영해나가는 것이 바로 온라인 홍보 방법이다.

 창업 시 첫 가게를 여는 분주함과 어려움으로 아직 온라인 홍보를 시작할 엄두가 나지 않는다면 일단 각종 포털사이트의 지역 정보에 자신의 매장 정보만이라도 등록하자. 숍 오픈과 동시에 네이버, 다음, 네이트, 구글 등 대표 포털사이트에 매장의 홈페이지 주소나 지도를 각 메뉴에 들어가 등록을 하면 검색이 된다. 유료서비스를 신청하면 검색 시 항상 리스트의 상단에 위치하게 할 수도 있지만, 무료서비스(등록까지 시간은 좀 걸린다)만 이용해도 고객들이 우리 가게의 위치 검색은 물론 상세 정보도 미리 볼 수 있어 아주 유용하다.

 요즘은 스마트폰으로 지도 앱뿐만 아니라 인터넷 포털사이트까지 손쉽게 검색이 가능하다. 인터넷상에 입력해놓으면 삼청동 길을 걷다가도 언제든지 스마트폰으로 검색해 〈가드너스 와이프〉를 찾아 들어올 수 있는 시대가 되었다는 이야기이다. 그러니 잊지 말고 등록하자!

스마트폰 시대의 인터넷 홍보 전략

그동안 이처럼 네이버 블로그, 싸이월드 클럽과 미니홈피, 그리고 이와 연계된 네이트온 메신저 등을 통해 고객 및 수강생과의 연결고리를 만들어왔다. 그런데 2011년 싸이월드 클럽에서 해킹 사건이 일어나고 메신저 서비스가 피싱의 대명사가 되어 사용자들이 급격히 감소하기 시작했다. 그러나 사용자 감소의 근본적인 원인은 이런 문제들뿐만 아니라 스마트폰의 대중화와 함께 급성장한 페이스북, 인스타그램, 카카오스토리, 트위터 같은 소셜 네트워킹 서비스SNS에 있다고 보는 게 맞을 것이다.

매일매일 주문과 작업에 바쁜 와중에 블로그, 카페, 홈페이지를 업데이트하기도 바쁜데 이젠 스마트폰의 시대에 발맞춰 SNS도 신경을 써야 하는 시대가 된 것이다. 이 SNS가 어떤 모습으로 진화할지, 이 다음에는 또 어떤 서비스가 나올지 모르겠지만 내 가게와 나를 알려야 하는 숙명을 타고난 자영업자는 환경의 변화에 계속해서 발맞춰 나갈 수밖에 없다. 결국 우리도 2014년부터 페이스북, 인스타그램과 카카오스토리(카카오톡)를 시작했고 블로그처럼 장문의 글을 통한 관계 형성을 부담스러워하는 수강생 및 고객들과의 통로도 열어놓게 되었다.

이렇듯 인터넷을 이용한 홍보나 마케팅은 기업이나 언론 등 큰 규모의 사업체에만 필요한 것이 아니다. 자영업자인 우리가 원하건 원치 않건 이미 스마트폰을 통해 이동하면서 정보를 검색, 이용하는 시대의 한가운데로 들어와 있다.

〈가드너스 와이프〉 인터넷 홍보처
인스타그램　@gardenerswife_jiyoungeom, @gardenerswife_sejongkang
　　　　　　@gardenerswife_shop, @gardenerswife_pot
페이스북　www.facebook.com/gardenerswife
카카오톡, 텔레그램 ID　gardenerswife 친구 추가
블로그　blog.naver.com/solar1101
홈페이지　www.gardenerswife.com

플라워스쿨 마스터코스 김유선, 배영미, 조윤희 작품

가드너스
와이프의
사계
05

gardener kang says,
가드너의 하루

8:00~10:00

가드닝레슨은 보통 오전 수업이 많다. 오전 10시~오후 1시 수업을 준비하기 위해 출근과 동시에 수업교재와 실습재료를 인원수대로 준비한다. 〈가드너스 와이프〉의 가드닝스쿨 베이직코스는 이론에 중점을 두되 많은 식물을 접할 수 있게 하고 있다. 그래서 실습재료 외에도 최대한 많은 식물을 준비하기 때문에 준비시간이 1~2시간은 족히 걸린다.

10:00~13:30

가드닝레슨 시간. 대표 가드너인 내가 전담하는 수업으로, 2시간의 이론수업과 1시간의 실습으로 진행한다. 이론수업이 끝나면 수강생들은 출석순서대로 재료와 플랜터를 고르고 설명에 따라 실습을 진행한다. 수강생들의 참여가 높은 반은 약속한 시간을 넘기는 경우도 많다. 내가 수업하는 동안에는 숍에 근무하는 가드너들이 주문에 대응하고 실내외에 있는 식물에 물을 준다. 특히 외부에 있는 식물에 해충이 발생하지 않았는지 확인하고 적절한 관리를 제공하는 것도 빼놓지 않는다.

13:30~18:30

수업 후 간단한 식사를 마치고 밀린 업무를 처리한다. 수업이 있는 날 오후 시간은 무척이나 분주하다. 〈가드너스 와이프〉에서 가드너의 업무는 숍 외부에 식물 디스플레이 및 관리, 거래처들의 주문에 맞춰 선물용 화분 제작, 주변 카페나 주택 정원에 심은 나무들과 실내식물들의 사후 관리, 식용 허브 파종 및 재배, 그리고 도매로 판매하는 식물의 농장 재고관리 및 출고 등으로 이루어진다. 한겨울을 제외하고 봄부터 가을까지는 하루 온종일 손톱 아래에 낀 흙을 빼낼 틈조차 없다.

식물 도매시장에 나가는 것도 주로 이 시간대를 이용하는데, 창업 초기에는 오전부터 오후 늦게까지 하루 내내 시장을 돌며 필요한 식물을 구매했지만 이제 10년 넘게 이쪽 일을 하다 보니 어떤 식물이 어느 매장에 있는지 상당 부분 파악하고 있어 출발 전 전화통화로 재고를 확인한 후 도매시장이나 농장으로 간다. 이렇게 경험이 시간절약으로 이어진다.

`18:30~19:00`
폐점시간이 가까워오면 외부에 세워놓은 키 큰 나무들을 제외하고 모든 화분을 실내로 다시 옮긴다. 온종일 이어진 업무로 지친 상태이지만 병해충이나 좀도둑으로부터 식물을 보호하기 위해 다소 힘은 들어도 마지막 힘을 다한다.

아날로그키친 삼청점 외부 월가든 작업

Part 2
엄지영의 플라워스쿨

일러두기
· 소재의 명칭은 플로리스트들이 숍과 도매시장에서 주로 부르는 이름으로 표기하였고, 정확한 명칭[학명이나 보통명]은 괄호를 달거나 병기해두었습니다.
  예) 레몬잎Salal, 스틸그래스[베어그래스]

· 하나의 속에 속한 여러 종류의 소재는 다음과 같이 표기하였습니다.
  예) 장미-플로렌스

CHAPTER 06

플라워레슨 준비

플로리스트 엄지영

작품이 곧 플로리스트다

10여 년 전 플라워스쿨을 다니며 꽃을 배우던 때였다. 수업을 마치고 완성한 꽃 작품을 들고 집으로 향하던 중, 지나가던 분이 말을 걸어왔다. "어머, 꽃이 아주 예쁘네요. 플로리스트이신가 봐요?" 내 작품에 대한 칭찬은 무척 고마웠지만, 그분의 물음에 자신 있게 답하지 못했다. 선생님의 지도로 꽃과 소재를 다듬는 과정부터 작품의 완성까지 내 손으로 직접 해냈지만, 그렇다고 해서 아직 자신 있게 플로리스트라고 말할 수는 없었다. 작품 구상과 그에 필요한 꽃과 소재 그리고 기타 부자재 마련 등을 직접 하지는 않았기 때문이다.

당시 선뜻 답하지 못했던 기억 때문일까? 지금도 〈가드너스 와이프〉의 식구가 되고자 하는 사람들이 포트폴리오를 보내올 때마다 그들에게 한결같이 직접 구매해서 작업했는지 묻는데 대부분 아니라는 대답이 돌아온다. 아마도 내 질문에 그들도 그때의 나처럼 난감했을 것이다. 주어진 재료로 목표했던 작품을 완성하는 것 역시 플로리스트의 몫이지만, 직접 구상하고 꽃을 구매해보는 과정이 없었다면 진정한 플로리스트라고 보기 힘들다.

　반쪽짜리가 아닌 온전한 플로리스트가 되려면 어떤 형태를 만들지 구상하는 일부터 꽃과 소재의 구매와 다듬기, 플라워 스타일링 그리고 부자재를 이용한 마감까지 모두 자기 손으로 해낼 수 있어야 한다. 그러한 이유로 앞으로는 구상부터 마감까지 한 작품을 완성해가는 순서대로 설명하고자 한다.

　꽃은 만든 사람 자신을 나타낸다고 한다. 색감이나 형태, 포장까지 모든 걸 고려해야 하는 작업이므로 자신의 취향이 녹아들기 마련이다. 이 책을 통해 〈가드너스 와이프〉의 플라워 디자인을 배워볼 독자들도 레슨을 마칠 즈음에는 자신만의 취향이 잘 드러나는 플라워 스타일링을 하게 되길 바란다.

무엇을 만들고 싶은가

플라워 디자인의 종류는 크게는 꽃다발과 화병꽂이, 플로랄 폼을 활용한 꽃이로 나눌 수 있다. 그러므로 가장 먼저 작품의 용도에 맞춰 어레인지먼트의 종류와 제작 방법을 결정한다. 꽃다발을 만들 것인지, 꽃바구니basket를 만들 것인지 아니면 리스wreath를 만들 것인지 등을 결정하는 것이다.

꽃다발

꽃과 소재를 모아서 다발을 만드는 기법으로 영어로는 '핸드타이드 부케hand-tied bouquet'라고 표현한다. 한 손으로 줄기를 잡고 다른 손으로 꽃을 계속 추가하여 꽃들을 순차적으로 모아 쥐어 모양을 만들어가는 방법이다. 플라워 작업의 가장 기본이 되지만 결코 만만하지 않다. 꽃을 한 송이씩 추가할 때마다 꽃이 계속 움직여 모양과 위치가 자꾸 변하기 때문에 사이즈가 커질수록 다루기 어려워진다. 게다가 쉽게 만드는 법이 따로 있는 게 아니어서 손으로 느껴지는 '감'을 익힐 때까지 꾸준히 연습해야 한다. 플라워스쿨 수강생들도 처음엔 쉽게 생각했다가 완성하기까지 큰 어려움을 겪는 과정 중 하나인데 그 사실을 잘 모르는 손님들은 그저 "빨리빨리"를 외치는 일이 허다하다.

한 가지 덧붙여 말하면, 핸드타이드 부케는 다른 디자인과는 달리 유행을

조금 타는 편이다. 예전엔 뒤를 납작하게 층층이 길게 꽃을 놓아서 작업하는 형태가 주를 이루었다면 지금은 대부분 라운드 형태로 변화하고 있다. 더불어 신선하고 고운 줄기를 그대로 노출시켜 자연스러움을 살린 꽃다발에 대한 선호도가 높아지고 있다. 이처럼 줄기를 드러내 완성하는 여러 형태의 부케들은 'Chapter 7. 플라워레슨 실전(182쪽)'에서 만들어보게 된다.

화병꽂이

화병에 물을 채워 꽃을 꽂는 방법으로 화병의 컬러나 형태에 따라 다양한 변화와 색다른 느낌을 연출할 수 있다. 꽃다발을 먼저 만들어 화병에 꽂는 방법과 화병에 바로 잎 소재로 밑작업을 한 후 꽃을 꽂는 두 가지 방법으로 크게 나뉜다.

　화병에 바로 꽂는 경우는 화병에서 꽃을 뺐다가 다시 넣는 과정에서 꽃이 미끄러지기 때문에 주의를 기울이지 않으면 매번 꽃의 모양이 흐트러지기 쉽다. 그러면 가운데 부분은 꽃이 없고 가장자리로만 꽃이 무성해지는 결과를 가져온다. 이를 방지하려면 줄기와 줄기를 겹치게 해 그물처럼 촘촘한 망을 만들어주어야 하는데 이 역시 초보자에게는 만만치 않은 일이다 그러니 완성하는 순간까지 인내심을 가지고 계속 수정해야 한다. 그래도 어렵다면 '테이핑 기법'을 써보는 것도 좋다(203쪽 참조).

　화병꽂이는 최소 하루 한 번 화병의 물을 갈아주어야 꽃을 신선하게 즐길 수 있다. 이때 물만 갈아주는 것이 아니라 화병 내부도 깨끗하게 닦아주어야 하고 꽃의 줄기 끝을 사선으로 잘라주는 것은 기본이다.

플로랄 폼을 활용한 꽃이

화기나 바구니 등에 꽃을 꽂을 때 일반적으로 '오아시스'라 불리는 플로랄 폼 floral foam에 꽃을 꽂아 연출하는 방법이다. 플로랄 폼이 줄기의 지지대 역할을 해주어 비교적 완성하기가 수월하며, 플로랄 폼이 마르지 않도록 물을 보충하면 꽃을 오래도록 즐길 수 있다. 그래서 꽃다발 다음으로 활용도가 높은 방법이다. 플로랄 폼은 화기의 높낮이나 면적 그리고 플라워 디자인을 하는 형태에 맞게 다듬어 사용할 수 있다.

플로랄 폼을 활용한 꽃꽂이의 첫 단계는 플로랄 폼에 물을 충분히 적시는 것이다. 그런 다음 꽃을 꽂으면 되는데, 이때 꽃이 플로랄 폼에서 빠지지 않도록 단단하게 찔러 넣어줘야 한다. 라넌큘러스처럼 줄기가 약한 꽃은 손가락으로 줄기의 끝을 잡고 조금씩 힘을 주어 찔러 넣는다. 그래야만 줄기가 부러지지 않고 물을 잘 흡수할 수 있다. 이때 꽂기에 앞서 꽃의 위치를 미리 정해두어야 한다. 플로랄 폼은 복원력이 없어 일단 꽃을 꽂았다 빼면 줄기만큼의 구멍이 생겨 다시 꽂을 수 없으니 주의해야 한다.

마지막으로, 작품을 완성한 다음에도 주기적으로 플로랄 폼을 적셔줘야만 꽃에 수분이 공급되어 오래 감상할 수 있다. 사용한 플로랄 폼은 물에 담가두었다가 반대쪽 면을 활용할 수 있으므로 연습할 때 이용하면 좋다.

플로랄 폼에 물 올리기

1. 작품을 구상한 다음, 원하는 크기와 모양으로 자른 후 큼직한 그릇에 물을 받아 플로랄 폼을 넣는다.

2. 플로랄 폼을 물에 띄워 천천히 물을 머금게 한다. 이때 플로랄 폼에 강제로 물을 붓거나 손으로 누르면 물이 잘 흡수되지 않으므로, 플로랄 폼 높이보다 깊은 물통을 준비해 물을 채운 다음 자연스럽게 물이 스며들도록 한다.

3. 플로랄 폼이 물을 흡수하면 차츰 가라앉고 색이 진해지기 시작한다. 플로랄 폼 전체의 색이 진해지고 물 위로 살짝 떠올랐을 때 사용한다.

플라워 디자인에서 많이 사용하는 용어

갈런드 Garland

꽃이나 소재를 순서대로 길게 이어서 만드는 장식이다. 갈런드는 테이블에 수평으로 눕혀 놓을 수도 있고 기둥이나 계단 난간에 감거나 문틀 부근에 고정할 수도 있다. 갈런드는 장식으로 쓰이는 동안 물을 보충할 수 없으므로 잘 시들지 않는 꽃이나 잎 소재류로 제작하는 것이 좋다.

리스 Wreath

리스는 꽃과 잎을 원형의 틀 위에 장식해 완성하는 디자인이다. 도넛 모양이나 반지 모양을 떠올리면 된다. 주로 크리스마스 리스처럼 문 앞이나 벽에 걸어두는 용도와 테이블 위에 올려놓는 용도로 사용된다. 특히 문이나 벽에 걸어두는 리스는 물을 보충하기가 번거로우므로 물 없이도 오래 버틸 수 있고 그대로 말려서 걸어둘 수 있는 잎 소재, 색이 있는 열매, 실크 플라워 silk flower (조화)를 주로 이용하며 다육식물을 이용하기도 한다.

부케 Bouquet

프랑스어에서 유래한 부케는 우리가 일반적으로 꽃다발이라고 부르는 플라워 디자인의 한 형태를 지칭하지만, 우리나라에서는 주로 결혼식 때 신부가 드는 포장하지 않은 꽃다발, 즉 웨딩 부케 bridal bouquet를 일컬을 때 사용한다. 웨딩 부케를 만드는 방법은 여러 가지로, 꽃 혹은 꽃과 소재를 리본이나 끈으로 함께 묶거나 각각의 꽃과 소재를 철사로 연결한 후 테이핑을 한 다음 함께 묶는 방법, 플로랄 폼 홀더에 꽂아 만드는 방법 등이 있다. 최근에는 핸드타이드 부케가 가장 인기 있는 부케로 자리 잡았으며 철사로 연결하는 와이어드 부케보다 시간이 덜 걸린다는 장점이 있다.

결혼식에서 신랑이 가슴에 다는 작은 부케는 부토니에르 boutonnière, 양가 부모님, 주례자, 사회자 등이 가슴에 다는 작은 부케는 코르사주 corsage라고 한다.

센터피스 Centerpiece

테이블이나 식탁의 중앙에 놓아 장식하는 플라워 디자인의 한 형태로 용도에 따라 화기나 바구니를 이용해 플로랄 폼에 꽂아 만드는 방법, 물이 담긴 화병에 꽃과 소재를 띄우거나 꽂아 만드는 방법 등 다양한 디자인으로 연

출할 수 있다.

한편 센터피스는 대부분 한 공간에 여러 개의 작품이 놓이게 되므로, 작품 하나하나뿐만 아니라 여럿이 모였을 때 만들어지는 전체적인 이미지를 고려하여 작업해야 한다. 기술적인 부분으로는 테이블에 앉는 사람들의 시선을 방해하지 않으면서, 모든 방향에서 완성도 있고 아름답게 보여야 한다. 보통 테이블 전체 면적의 9분의 1 정도의 크기로 제작한다고 하지만 정해진 답은 없으며, 테이블의 넓이에 따라 좁고 길게 제작하거나 넓고 짧게 제작할 수 있고, 여러 개의 작품을 마치 하나의 센터피스로 보이게 작업하는 등 변형을 꾀할 수 있다. 또한 로맨틱한 분위기를 연출하고자 할 때는 초나 꽃잎 등을 활용하기도 한다.

어떤 꽃을 사용할 것인가

만들고자 하는 형태를 정했다면 다음으로 어떤 꽃들을 사용할지 결정해야 한다. 이를 위해 꽃의 역할에 따른 다섯 가지 분류와 꽃의 색 선택에 대해 알아보자.

먼저 꽃의 역할에 따른 분류를 살펴보면, 플라워 디자인을 할 때 꽃이나 잎, 가지 등 각 식물의 형태와 특징에 따라 크게 다섯 가지로 구분해볼 수 있다. 꽃의 역할에 따른 분류를 익히면 초보자들도 플라워 디자인을 쉽게 이해할 수 있다. 실제로 〈가드너스 와이프〉의 플라워스쿨에서도 다음과 같이 분류하여 설명하고 있다. 물론 굳이 구분하지 않아도 플라워 디자인은 할 수 있지만, 다양한 꽃과 소재를 이렇게 큰 범주 안에 분류하여 디자인하면 꽃이나 소재의 형태적인 특성을 잘 살려 연출할 수 있다.

플라워스쿨 마스터코스 김선경, 김지선, 이정연 작품

그린 플라워 Green flower

그린 소재를 통칭하며, 작품을 만들 때 밑그림 역할을 한다. 그림을 그릴 때 도화지에 연필이나 옅은 색 크레파스로 여러 번 선을 그어 스케치하듯, 그린 플라워는 원하는 작품의 형태와 크기를 대략 가늠할 수 있게 해준다. 또한, 자연스러운 느낌을 연출하는 데에도 중요한 역할을 한다. 도매시장에는 그린 플라워만 전문적으로 취급하는 매장이 여럿 있을 정도로 계절별로 다양한 종류를 만나볼 수 있다.

대표적인 그린 플라워로는 천리향[돈나무], 산호수[아왜나무], 굴거리, 남천, 루스커스, 유칼립투스, 레몬잎Salal처럼 절화된 가지가 있다. 산수유, 산당화, 설유화처럼 꽃이 핀 나뭇가지와 낙상홍, 오리나무, 섬담쟁이[송악]같이 열매가 달린 나뭇가지가 있고 엽란, 호엽란, 아이비, 더스티밀러, 루모라고사리, 몬스테라, 잎새란과 같은 잎 소재가 있다.

라인 플라워 Line flower

선을 특징으로 하는 소재로 한 개의 긴 줄기를 따라 작은 꽃들이 이삭 모양으로 길게 열 지어 촘촘히 피어 있는 형태를 지닌다. 형태적으로 독특한 매력을 지니기도 하지만 작품에서 큰 골격(뼈대)을 잡아주는 역할도 한다. 줄기에 운동감이 있어 작품에서 높이, 넓이, 깊이를 효과적으로 연출해준다. 라인 플라워는 작은 크기의 작품에서는 제 역할을 발휘하지 못하지만, 스케일이 있는 작품에서는 그 빛을 발한다. 대표적인 꽃으로는 금어초, 델피니움, 스톡, 모루셀라, 글라디올러스 등이 있다.

그린 플라워

1	2	3
	4	5
6	7	8

1 은엽 아카시아
2 조팝나무
3 루스커스
4 레몬잎
5 산호수
6 유칼립투스
7 더스티밀러
8 섬담쟁이

플라워레슨 준비

라인 플라워

1 금어초
2 델피니움
3 스톡
4 모루셀라
5 용담

폼 플라워 Form flower

모양이 뚜렷하고 개성이 분명한 꽃으로 플라워 디자인에서 '강조'의 역할을 한다. 꽃 자체가 아름답고 색이 화려하며 개성 있는 생김새로 시선을 사로잡기 때문에 선(라인 플라워)과 면(매스 플라워)을 이용한 작품에 악센트를 주어 작품 전체의 디자인을 보완해준다.

작품에서는 다른 형태의 꽃보다 돋보이는 곳에 위치시켜 시선을 확실히 사로잡을 수 있도록 하는 것이 좋다. 중심이 되는 꽃인 만큼 값이 조금 비싸지만, 형태, 색감, 크기 면에서 단연코 가장 빛나는 포인트가 되므로 투자할 만한 가치가 있다. 대표적인 꽃으로는 작약, 수국, 호접란, 안스리움, 극락조화, 칼라 calla, 백합, 해바라기, 아마릴리스, 히아신스, 연밥 등이 있다.

필러 플라워 Filler flower

꽃과 꽃 사이의 공간을 메우면서도 전체적인 율동감이나 색감을 부드럽게 이완해주는 역할을 병행한다. 송이가 작은 잔잔한 꽃이나 열매의 형태를 이루는데, 경우에 따라 그린 플라워가 그 역할을 대신하기도 한다. 라인 플라워나 매스 플라워의 조화를 돕고 꽃과 꽃을 연결하는 필러 플라워는 플라워 디자인에서 빼놓을 수 없는 중요한 소재이다. 필러 플라워를 잘 사용하면 작품은 들꽃처럼 자연스러운 분위기가 연출되지만, 자칫 과하게 사용하면 지저분해 보일 수 있으니 주의한다. 대표적인 꽃으로는 왁스 플라워, 불로초[꿩의 비름], 옥시, 코와니 등이 있다.

폼 플라워

1 작약
2 히아신스
3 불두화
4 반다(서양란)
5 수국
6 아마릴리스
7 칼라

필러 플라워

1 프리지어
2 왁스 플라워
3 불로초
4 옥시
5 코와니
6 하이페리컴

매스 플라워 Mass flower

긴 줄기에 크고 둥근 꽃을 가진 형태로 작은 꽃이나 여러 꽃잎이 모여 한 덩어리의 꽃을 이룬다. 폼 플라워를 제외하고 꽃송이가 가장 커 부피감과 중량감이 느껴지는 매스 플라워는 작품 구성에서 공간을 채우며 디자인의 양감을 표현하는 데 효과적이다. 작품에서 폼 플라워를 사용하지 않을 때는 매스 플라워 중에서 제일 송이가 크고 모양이 좋은 꽃을 골라 포컬 포인트 focal point˙로 사용하기도 한다. 또한, 매스 플라워만으로 작품을 완성한다면, 꽃의 색상과 크기, 공간 배치, 깊이에 다양한 변화를 주어 단조로움에서 벗어나야 한다. 대표적인 꽃으로는 장미, 카네이션, 국화, 튤립 등이 있다.

• 포컬 포인트 : 초점이란 뜻으로 시각상의 초점과 기구상의 초점이 있다. 기구상의 초점은 줄기가 전부 모이는 점을 말하며, 시각상의 초점은 작품을 볼 때 양적으로나 색채적으로 꽃이 집중적으로 모인 부분을 말한다.

매스 플라워(1)

1 장미
2 리시안셔스
3 라넌큘러스
4 거베라
5 아네모네

매스 플라워(2)

6 카네이션
7 국화
8 달리아
9 튤립
10 맨드라미
11 알스트로메리아

이상의 다섯 가지 분류는 꽃을 구매할 때 중요한 기준이 되므로 꼭 기억해 두는 것이 좋다. 특히 초보자들이 흔히 하는 실수가 매스 플라워만 구매하는 것인데, 이를 방지할 수 있으며 궁극적으로 보다 계획적인 구매와 디자인이 가능할 것이다.

물론, 가장 대표적인 쓰임에 따라 다섯 가지로 분류하긴 했으나 항상 그 분류대로 쓰는 것은 아니다. 플로리스트가 작품의 디자인에 따라 임의로 역할을 바꾸어 사용할 수 있다. 예를 들면, 재료 중 매스 플라워인 장미가 가장 화려하고 얼굴이 큰 종류라면 플로리스트의 계획에 따라 폼 플라워로 사용될 수 있다. 같은 맥락으로 그린 플라워 중 열매류, 그리고 벚꽃이나 설유화와 같은 작은 꽃들이 달려 있는 목본들도 충분히 필러 플라워로 쓸 수 있다.

또한 모든 작품에 이 다섯 가지 분류의 꽃들이 다 필요한 것은 아니다. 만약 들꽃 느낌의 작품을 만들어야 한다면, 얼굴이 큰 꽃은 덜 들어가고 얼굴이 작은 잔잔한 꽃이나 잎 소재들이 많이 들어가야 하기 때문에 폼 플라워나 매스 플라워는 쓰지 않고 그린 플라워와 필러 플라워만으로 구성할 수도 있다.

처음엔 어렵게 느껴지기도 하지만 이렇게 변수와 예외가 있기 때문에 플라워 디자인이 더 재미있을 수 있다.

어떤 색의 꽃을 사용할 것인가

색채 감각을 키우는 것은 플로리스트에게 반드시 요구되는 사항이다. 꽃을 고를 때 색감을 빠뜨리고 이야기할 수 없기 때문이다. 하지만 색채 감각은 개인의 성장 과정에서 축적된 경험이나 취향 등이 많은 영향을 끼친다. 그만큼 어느 정도 스스로 정립되고 체화된 감각이라 쉽게 변화하기 어렵다.

하지만 한 가지 희망적인 것은 플라워 디자인은 그림처럼 무에서 유를 창조하는 색채 작업이 아니라는 점이다. 어디까지나 시중에 출하되는 꽃과 소재로 만들어내는 작업이므로, 초보자들도 전문가들의 훌륭한 작품을 참고로 하여 그 작품에 사용된 소재를 준비해 따라해볼 수 있다. 그 과정을 통해 자연스럽게 감각을 키울 수 있으며 한 단계 더 나아가 자신만의 스타일을 발견할 수 있다.

감각이 있는 이들은 좀 더 빨리 자신만의 스타일을 완성해나가겠지만, 그렇지 못한 이들은 끊임없는 연습과 노력을 통해 부족한 부분을 보완해나가야 한다. 수년간 많은 플로리스트 지망생을 가르쳐본 경험으로는 분명 처음부터 상대적으로 뛰어난 감각을 가진 이들이 있지만, 끊임없이 노력하고 반복해서 연습하는 이들을 끝내 당해내지 못하는 것을 자주 보았다. 플로리스트를 꿈꾸는 이들이라면 이 점을 꼭 명심해주었으면 하는 바람이다.

이제 색 선택에 따라 스타일을 만드는 간단한 방법을 알아보자.

플라워스쿨 마스터코스 이승연, 이하정, 장보빈 작품

비슷한 계열로 맞추기

꽃을 선택할 때 여러 색을 섞기보다는 비슷한 계열 색으로 맞추면 각각의 소재와 꽃마다 색과 밝기의 차이는 있지만 조화로운 표현이 가능하기에 실패할 확률이 낮아진다. 단, 유사한 톤으로만 작업하면 자칫 밋밋한 느낌이 들 수 있으므로 꽃의 크기 및 높낮이의 변화, 그린 플라워를 적재적소에 사용해 보완하는 게 좋다.

파스텔 톤으로 맞추기

가장 인기 있는 조합으로, 파스텔 톤이란 보통 밝은 계열의 핑크, 퍼플, 그린, 블루, 피치 그리고 화이트의 컬러 조합을 의미하는데 많은 고객이 선호한다. 은은하면서도 로맨틱한 분위기를 연출하는 장점이 있어서 웨딩 부케 역시 파스텔 톤으로 작업하는 경우가 많다.

색상과 명도 대비로 맞추기

강렬한 색채 조합은 시선을 끌기 때문에 그만큼 드라마틱해서 과감하게 시도해볼 만하다. 블루와 옐로, 오렌지와 퍼플, 레드와 그린처럼 색상 대비가 커질수록 강한 인상을 연출할

수 있다. 한편 색상 대비 외에 명도 대비로도 포인트를 줄 수 있다. 대표적인 파스텔 톤인 핑크와 퍼플의 조합은 둘 다 연한 톤으로 표현하면 부드러운 느낌이 나지만, 진한 톤을 사용하면 강한 느낌이 난다. 즉, 같은 색상의 조합이라도 밝기를 다르게 표현한다면 얼마든지 색다른 느낌을 연출할 수 있다.

직접 꽃 시장에 가보자

플라워 디자인을 할 때 초보자들이 가장 먼저 하는 실수가 아무 준비 없이 꽃시장에 가는 것이다. 일단 가서 부딪쳐보자, 눈으로 보고 몸으로 부딪치다 보면 원하는 꽃도 살 수 있겠지 하는 생각 때문이다. 그러나 기대에 부풀어 도매시장에 첫걸음을 내딛는 순간 당황하게 된다. 늦장 부리고 여유 있게 갔다가 이미 폐장 분위기인 모습에 놀라기도 하고, 좋은 꽃을 구매하려면 일찍 가야 한다는 이야기를 듣고 새벽에 방문하면 발 디딜 틈 없이 북적이는 모습에 깜짝 놀란다. 게다가 정리된 꽃을 물을 올려 예쁘게 진열해놓은 플라워숍과 달리 각종 꽃과 소재들을 더미로 쌓아놓고 파는, 말 그대로의 시장다운 모습에 당황하기 마련이다.

아직 좋은 꽃을 알아보는 안목이 없는 상황에서 계획 없이 도매시장을 방문하면 상인들의 권유에 이끌려 어느새 서로 어울리지 않는 조합의 꽃들을 한 아름 품에 안고 있는 자신을 발견한다.

앞서 '무엇을 만들고, 어떤 꽃을 사용할지'를 짚어본 것은 이러한 실수를 하지 않기 위해서이다. 원하는 작품을 만들려면 어떤 작품을 어떤 형태로 어떻게 만들 것인지에 대한 구체적인 계획과 구상이 세워져 있어야 한다. 그래야만 꽃의 종류를 세세하게 정하지는 못해도, 각각의 꽃들이 어떤 역할을 하는지 이해하고 구입 계획을 세울 수 있다. 그러므로 앞의 두 과정을 글로만 익힐 것이 아니라 실제로 메모, 구상하고 계획하는 연습을 통해 자기 것으로 확실히 숙지하자. 그런 다음 꽃 시장을 방문해 싱싱한 꽃을 구매하는 요령을 익혀야 한다.

    자 이제, 꽃 시장을 둘러볼까? 어떤 디자인을 만들어볼지 결정했다면 이제 시장에 나갈 차례이다. 우리나라는 화훼 선진국들과 달리 생화 도매시장의 도소매 구분이 거의 없다. 따라서 일반 개인도 아무런 제지 없이 도매시장에서 구매가 가능하다. 단, 도매시장은 주로 늦은 밤부터 오전까지만 영업하므로 체험을 위해선 부지런해야 한다. 서울의 대표적인 도매시장을 소개하면 다음과 같다.(각 시장의 영업 시간과 위치, 연락처 등 자세한 정보는 각 홈페이지를 참조한다.)

강남 고속버스터미널 꽃 도매 상가

고속버스터미널에 자리한 이곳은 터미널 상가 3층 전체를 사용하고 있으며, 도매시장이기에 절화는 대개 5~10송이 단위로 묶음 판매한다. 매주 월, 수, 금요일에 싱싱한 꽃과 소재들이 들어온다. 같은 꽃이라도 매장마다 품질이나 가격에 차이가 날 수 있으므로, 가능하면 최대한 많은 매장을 둘러보며 꽃의 신선도나 가격 등을 꼼꼼히 따져본 후 구입하도록 한다. 이곳 도매 상가에서는 절화와 각종 소재뿐만 아니라 리본이나 바구니 같은 포장재, 조화, 디자인 소품, 인테리어 용품까지 한꺼번에 구매할 수 있다.

양재 화훼 공판장

우리나라 최대의 화훼 경매시장 겸 도소매시장이다. 양재 꽃 시장으로 많이 알려진 식물시장은 2개 동으로 구분되어 있으며 도매 및 소매 판매를 한다. 한편 별도의 건물에 위치한 생화 도매시장은 고속버스터미널 도매 상가와 비슷한 규모이며 절화뿐만 아니라 조화, 부자재까지 한꺼번에 구매할 수 있다.

남대문 대도 꽃 상가

서울에서 가장 오래된 꽃 시장으로 남대문 시장 안에 있다. 이곳 역시 절화, 조화, 식물뿐만 아니라 리본이나 바구니 등의 포장재도 함께 구매 가능하다.

시장에 들어서기 전 당부하고 싶은 말은 첫째, '꽃 시장은 말 그대로 시장'이라는 것이다. 우아하고 세련된 매장들이 가득한 곳이 아니다. 실제로 〈가드너스 와이프〉 플라워스쿨에서 직접 재료를 구매해서 스쿨로 가져와 작업해보는 시장 체험 수업에 참여한 수강생들을 보면 자신이 생각한 것과는 전혀 다른 시장 분위기에 충격을 받는가 하면, 코끝 가득 진동하는 꽃향기와 시장의 활기찬 분위기에 매료되어 취미가 창업으로 이어질 정도로 사람마다 반응이 제각각이다.

두 번째로 당부하고 싶은 말은 싱싱하고 다양한 꽃과 만나려면 새벽에 들르라는 것이다. 시장마다 차이를 보이지만 서울 내 도매시장들은 대개 0시(새벽 12시)에 문을 열어 오후 1시까지 영업한다. 꽃이 들어오는 요일은 월, 수, 금요일로 오전 0시부터 새 꽃이 판매된다. 화, 목, 토요일에는 월, 수, 금요일에 팔고 남은 꽃들을 팔기 때문에 물량이 많지 않다. 사정이 이렇다 보니 개점과 폐점 시간 그리고 새 꽃이 입고되는 시간과 날짜를 모른 채 들르면 이미 문이 닫혀 허탕을 치기도 하고 원하는 꽃을 구하지 못할 수도 있다. 그러므로 플로리스트들은 새벽잠을 설치고 일어나 이른 시간부터 바쁘게 움직일 수밖에 없다. 가끔 몸이 힘들고 고단할 때면 누군가가 꽃 시장에서 꽃만 잘 사다가 정리해주면 더 일할 맛이 나겠다는 이루지 못할 바람을 가져보기도 한다.

이처럼 새벽 꽃 시장 체험은 긍정적이든 부정적이든 플로리스트를 꿈꾸는 이들에게 커다란 생각의 변화를 가져온다. 바꿔 말하면 플로리스트가 되기 위해서는 생동감 넘치는 꽃 시장의 분위기에 적응해야 하며, 더불어 좋은 꽃을 구입하고자 하는 열정으로 일주일에 몇 번씩 새벽잠을 설치며 장을 봐올 각오가 되어 있어야 한다. 그러므로 플로리스트가 되고자 마음먹었다면 먼저 새벽 꽃 시장에 다녀와보기를 권한다.

도매시장에서 꽃 사는 요령

시중에 나와 있는 관련 서적들을 살펴보면 좋은 꽃을 고르는 요령으로 "줄기가 튼튼하고 잎이 싱싱하며 꽃에 상처가 없이 깨끗하고 겉잎이 붙어 있는 것을 골라라", "꽃잎, 꽃받침, 줄기를 직접 만져본 후 탱탱하고 생기 있는 것을 살펴 구매하라"고 말한다. 모두 맞는 말이다. 하지만 도매시장에서는 꽃들의 줄기를 일일이 관찰하고 상처 없이 깨끗한 것을 송이마다 하나씩 택해서 고르는 건 현실적으로 불가능하다. 켜켜이 쌓아놓은 꽃 무더기를 일일이 풀어달라 요청할 수도, 한 단으로 묶인 꽃을 두고 이쪽 단에서 조금, 저쪽 단에서 조금씩 구매할 수도 없다. 그렇다고 해서 가장 좋은 상태의 꽃을 볼 줄 알아야 하며, 가장 신선한 꽃을 고객에게 제공해야 하는 플로리스트의 임무를 저버릴 수는 없다.

어떤 플로리스트는 도매상에 일임하여 꽃을 받기도 하는데, 나는 성격상 절대 그렇게 할 수가 없다. 예쁜 꽃을 받을 생각으로 한껏 기대하고 있을 손님과 레슨 시간마다 신선하고 새로운 재료를 경험하고 싶어 하는 수강생을 생각하면 상태가 좋은 꽃을 두 눈으로 직접 확인하고 사야만 한다. 나는 꽃 시장에서 꽃을 고를 때 정말 까다롭고, 오랫동안 장을 보기로 악명이 높다. 바쁘게 움직이는 새벽 꽃 시장에서 신중을 거듭하며 꽃을 살피고, 좀 더 싱싱한 꽃을 찾아내는 일이 쉽지만은 않다. 일일이 살피고 까다롭게 확인하니 솔직히 상인들로서는 귀찮고 짜증이 나는 일일 것이다. 지금이야 수년째 거래를 해오며 이해를 해주지만, 한동안은 서로 수많은 마음고생과 부대낌이 있었다.

그렇다면 싱싱한 꽃을 일일이 한 송이씩 살펴보지 않고도 단번에 알아보는 방법은 없을까? 운이 좋아 매번 좋은 꽃을 택한다면 모를까 그런 방법은 절대 없다. 특별한 행운이 따라주지 않는 이상 수많은 시행착오를 겪으며 스스로 터득해나가는 것뿐이다. 가끔은 시든 꽃, 상처 난 꽃도 사보며 스스로 느껴봐야만 좋은 꽃을 고르는 안목이 생긴다.

더구나 농장에서 갓 올라와 축 늘어진 꽃들을 보며, 상태가 좋은지 아닌지 구분하기란 쉽지 않다. 그러니 자신만의 기준을 세워 꽃을 구매한 다음 물을 올리고, 꽃을 피워가는 과정을 살피며 꽃의 상태를 알아보는 것이 가장 좋은 방법이다. 나 역시 이러한 과정을 매번 반복하며, 각 꽃의 특성을 파악하고

깨끗한 꽃과 상처 있는 꽃

덜 핀 꽃과 핀 꽃

대가 굵고 튼튼한 꽃과 대가 얇고 연약한 꽃

판단의 옳고 그름을 계속해 수정해나갔다. 그러한 과정 속에서 자연스레 좋은 꽃을 보는 눈이 생기게 된 것이다.

그리고 플로리스트를 꿈꾸는 이들에게 꽃을 살 때 꼭 당부하고 싶은 중요한 말이 있다. 바로 민첩성과 순발력을 키우라는 것이다. 꽃 시장은 제한된 시간 안에 남보다 좋은 꽃을 확보해야 하는 치열한 전쟁터인 동시에, 새로운 꽃들과 마주하는 기대와 설렘이 가득한 장소이다. 또한 수많은 플로리스트가 저마다 새로운 꽃, 싱싱한 꽃을 좋은 가격으로 구매하고자 촉각을 곤두세우고 바삐 움직이는 곳이다. 그 때문에 원하는 꽃을 발견하고도 한 번 더 둘러보자는 마음으로 여유를 부리다가는 그 꽃을 손에 넣지 못할 수도 있다. 제 눈에 좋아 보이는 꽃은 다른 사람 눈에도 좋아 보이기 마련이니까. 점찍어놓았던 꽃이 다 팔려버린 상황이 되면 기운이 쭉 빠지곤 한다. 더구나 주문받은 꽃일 때에는 그야말로 식은땀이 흐를 정도다.

그렇다고 그냥 낙담만 해서는 안 된다. 0순위의 꽃을 놓쳤다면, 재빨리 1순위의 꽃을 확보해야 한다. 만약 1순위의 꽃도 구하기 어려운 상황이라면, 그 자리에서 바로 콘셉트를 수정하는 일도 각오해야 한다. 음식의 재료가 바뀌면 요리가 달라지듯 꽃 재료가 달라지면 당연히 디자인도 달라진다. 나 역시 수도 없이 이러한 일을 겪는다.

플로리스트라면 늘 겪는 일로, 언제 어디에서 당황스러운 순간을 맞닥뜨릴지 모른다. 그런 만큼 짧은 시간 안에 새로운 디자인을 구상하여 그에 필요한 재료를 구매하는 능력 또한 플로리스트가 갖추어야 할 기본 자세이다. 그런데 이런 역량은 많은 작품을 눈으로 익히고, 따라 만들어보는 연습을 반복하는 과정에서 생겨난다는 것을 잊지 말자.

플라워 디자인에 필요한 도구들

전문적인 플로리스트가 아니더라도 기본이 되는 도구 몇 가지를 갖추면 언제든 꽃을 사서 간단한 디자인을 연출할 수 있다.

대표적인 것이 가위와 나이프이다. 절화나 잎 소재, 나무 줄기를 자를 때 꽃가위, 줄기용 가위, 플로리스트 나이프를 용도별로 구분해 사용한다. 보통은 꽃가위를 다용도로 사용하는데, 굵은 나무 줄기를 꽃가위로 자르게 되면 손에 무리가 가기 때문에 이때는 줄기용 가위를 사용하는 것이 좋다.

꽃의 줄기가 얇아 연약하거나 속이 비어 있는 줄기를 자를 때는 꽃가위보다 플로리스트 나이프를 사용하는 편이 좋다. 나이프를 이용하면 절단면이 깨끗하게 잘려 꽃으로의 수분 공급이 더욱 원활해지기 때문에 꽃의 수명 연장에도 도움이 된다. 반대로 두껍고 단단한 줄기를 자를 때는 위험하므로 나이프 대신 가위를 사용하도록 한다. 사용 후에는 깨끗이 씻은 다음 물기를 말려 잡균의 번식과 녹이 스는 것을 방지하도록 한다.

이제 필수적으로 갖추어야 할 도구의 각 이름과 특징을 살펴보자.

147
플라워레슨 준비

○ 플라워 디자인 도구

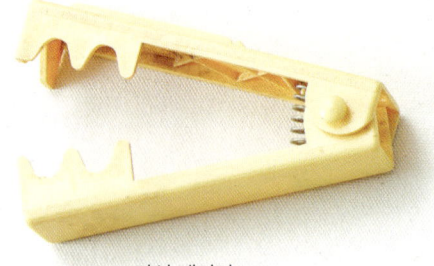

가시 제거기
장미처럼 가시가 있는 꽃을 정리할 때 사용한다.

방수 테이프
핸드타이드 부케를 완성한 다음 바인딩 포인트에 둘러 고정해주거나 플로랄 폼을 화기나 단단한 바구니 안에 단단히 고정할 때 사용한다.

침봉(니들 홀더)
낮은 화기를 이용한 동양적인 꽃꽂이에 많이 쓴다. 크기별로 다양하므로 꽃의 양이나 줄기의 두께를 살펴 구매한다.

플로랄 폼 나이프
플로랄 폼 재단용 나이프. 칼날에 물결 무늬가 없는 빵 칼을 사용해도 무방하다.

리본 가위
리본이나 포장지를 자를 때 쓴다. 사용 빈도가 많아지면 날이 무뎌지므로 리본 외의 것을 자를 때는 다른 가위를 사용하는 게 좋다.

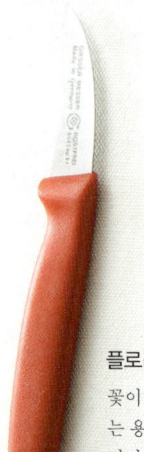

플로리스트 나이프
꽃이나 소재의 줄기를 자르는 용도로 사용한다. 엄지와 검지 사이에 칼을 잡고 자신이 있는 방향으로 각이 지게 자른다.

플로랄 폼(오아시스)
화기에 꽃을 꽂을 때 기본 받침 역할과 꽃에 물을 공급해주는 역할을 한다. 박스 또는 낱개로 구매한다. 직사각 형태 외에 리스나 볼 등 모양이 다양하다.

플로랄 테이프
약한 줄기를 고정하거나 와이어 작업 시 쓴다. 진녹색, 연두색, 갈색, 흰색 등이 있는데 주로 그린 계통을 사용한다.

와이어
꽃대가 약한 꽃을 고정해줄 때, 화관이나 코르사주 등을 만들 때의 와이어링에 주로 사용한다. 주로 18~26호를 사용하며 번호가 낮을수록 굵어진다.

돌림판
센터피스처럼 사방에서 보는 플라워 디자인을 연출할 때 화기를 올려놓고 돌림판을 돌려가며 작업할 수 있다.

꽃가위
절화나 잎 같은 소재를 자르는 데 사용한다.

줄기용 가위(전지가위)
비교적 굵고 단단한 나무 줄기처럼 꽃가위로 자르기 어려운 소재를 자르는 데 사용한다.

화기

플라워 디자인에서 화기 선택은 중요하다. 같은 꽃, 같은 소재라도 어디에 담아내느냐에 따라 작품의 분위기와 스타일이 확연히 달라지기 때문이다.

세라믹 용기

크기와 색상, 재질에 따라 다양한 종류가 있다. 꽃 자재 매장에서 판매하는 배수구멍이 없는 화기를 일반적으로 사용하지만, 식물용으로 사용되는 세라믹 화분도 비닐 등을 이용하여 방수 처리 후 사용할 수 있다.

유리 용기

대형 실린더에서부터 꽃 한 송이를 겨우 꽂을 수 있는 시험관까지 다양하며, 꽃의 종류와 연출하고자 하는 분위기에 맞춰 선택한다. 초보자라면 지름이 너무 넓지 않은 사이즈의 원통형이나 사각 형태의 유리병이 작업하기에 무난하다. 혹은 주변에서 쉽게 구할 수 있는 유리컵이나 음료수병 등을 활용해도 좋다.

바구니

대나무나 등나무 등으로 짠 바구니 역시 화기로 많이 사용된다. 성긴 짜임이 자연스러운 분위기를 연출하는 바구니는 손잡이가 있는 것과 없는 것 중에 선택할 수 있다. 또한, 생화로 장식할 때 플로랄 폼에서 물이 흘러나오는 것을 방지하고자 미리 비닐을 덧대어 방수 처리가 된 바구니와 방수 처리를 하

지 않은 바구니도 있으니 기호에 맞춰 선택하도록 한다.

플로랄 폼 받침

테이블 센터피스 등의 받침으로 사용하는, 주로 녹색의 플라스틱 소재의 화기로, 원, 직사각, 정사각 형태가 있다. 물기를 머금은 플로랄 폼을 틀에 맞춰 잘라 넣어 사용한다.

꾸밈 재료

플라워 디자인을 더욱 아름답게 보일 수 있도록 연출하는 꾸밈 재료로는 리본이나 끈과 같은 묶음 재료와, 흔히 포장지로 일컫는 종이 소재의 포장지를 비롯해 다양한 포장 재료가 있다.

리본

신부 부케, 꽃다발, 코르사주 등에 장식 효과를 높이는 재료이다. 대개 한쪽은 광택이 나고 다른 쪽은 광택이 없는 면으로 이루어진 공단satin 소재를 가장 많이 사용하며, 그 외에도 리본 양 끝에 와이어가 있는 와이어 리본, 광택이 없는 무광 리본, 장식용 레이스가 달리거나 무늬가 박힌 리본 등 여러 종류가 있다. 가장 일반적인 공단 리본은 폭이 10, 15, 25, 40밀리미터인 리본을 많이 쓴다.

라피아

라피아 야자의 잎에서 뽑아낸 섬유질을 건조시켜 만든 끈으로 지푸라기 같은 느낌이 들어서 주로 들꽃처럼 자연스러운 분위기의 꽃다발을 만들 때 줄기를 묶는 용도로 사용한다.

마끈

자연스러운 느낌의 끈으로 라피아보다 단정하고 질겨서 꽃다발을 묶거나 식물의 포장 및 다용도로 많이 사용하는 재료이다. 꽃 시장이나 포장재 도매시장에서 구매할 수 있다.

종이류

자연스러운 분위기를 연출하는 꽃장식의 대표적인 포장 재료이다. 힘을 가하면 구겨지기 때문에 관리상에 유의가 필요하며, 너무 두꺼운 종이는 형태를 예쁘게 잡아가기 어려우니 피하는 것이 좋다. 한편 최근에는 방수성이 있는 부드러운 질감을 가진 왁스 페이퍼를 사용하기도 한다.

비닐류

방수가 되고 종이보다 구김이 덜 가는 비닐 소재의 포장지로는 플로드지와 OPP가 있다. 플로드지는 광택이 약한 불투명 비닐로 색상이 다양하며, 최근 꽃다발 포장 등에 광범위하게 사용되고 있다. 플로드지와 함께 혹은 개별적으로 사용되는 OPP는 투명한 비닐로, 다양한 포장 용도로 사용되며 사이즈와 두께로 구분된다.

꽃 다듬기와 물 올리기

컬러와 싱그러움에 반해 꽃 시장에서 한 아름 사 들고 온 다채로운 꽃들, 귀한 이에게 선물받아 오래도록 간직하고 싶은 풍성한 꽃다발. 이러한 꽃들을 오래 두고 볼 방법은 없을까? 한 번쯤 마음에 쏙 드는 꽃을 받아본 사람이라면 처음의 싱그러움을 그대로 유지하면서 꽃을 관리하는 방법이 궁금할 것이다. 실험 정신이 강한 이들은 주위에서 보고 들은 경험을 통해 이런저런 방법을 써보았을지도 모른다. 그래서 이번에는 꽃을 오래 두고 보는 방법인 꽃 다듬기와 물 올리기에 대해 살펴보려고 한다.

원하는 꽃과 소재를 구매했으면, 가장 먼저 해야 할 일이 바로 꽃을 정리하고 물을 올리는 것이다. 이렇게 하는 이유는 절화의 유통 경로에서 답을 찾을 수 있다. 식물은 뿌리에서 흡수한 수분을 이용하여 광합성을 해서 에너지원을 만들고 잎으로는 수분을 증산시켜 몸속 균형을 유지한다. 그런데 수분의 공급원인 뿌리로부터 잘려 나온 절화들은 수분의 흡수보다 잎을 통한 증발이 더 많아서 몸속 불균형이 찾아온다. 이 때문에 산지를 거쳐 도매시장에서 판매되는 꽃들이 생기를 잃고 시든 듯 보이는 것이다. 따라서 도매시장에서 꽃을 구매한 직후 물을 흡수시켜 생기를 찾아주는 작업을 가장 먼저 해야 한다. 이를 '물 올림'이라고 하는데, 여기에도 몇 가지 순서가 있다.

먼저 꽃봉오리 아래로 3분의 1 부분을 제외한 아래쪽의 잎들은 모두 제거한다. 이때 장미처럼 가시가 있는 꽃들은 가시 제거기를 사용해 줄기에 상처가 나지 않도록 조심하며 가시를 떼어낸다. 물속에 잠긴 잎은 부패하기 쉬우며, 부패 과정에서 발생하는 박테리아나 에틸렌 가스가 꽃의 노화를 촉진시

가시 제거기 사용 방법

키기 때문이다.

두 번째로 플로리스트 나이프나 꽃가위(소재에 따라 줄기용 가위)를 이용해 줄기의 끝 부분을 사선으로 잘라준다. 이처럼 사선으로 자르는 이유는 줄기의 절단면을 최대한 넓혀 꽃의 물 흡수를 원활히 하기 위한 것이다. 이때 권장하는 것이 바로 '물속 자르기'이다. 말 그대로 줄기를 자를 때 공기 중이 아닌 물속에 넣고 잘라주는 것이다. 이렇게 하면 줄기의 도관으로 공기가 들어가지 않아 공기 중에서 잘랐을 때보다 더 오래 수명을 연장할 수 있다. 하지만 플라워숍에서는 많은 양의 꽃을 모두 물속 자르기가 여의치 않아 차선책으로 자른 후 바로 물에 담가주고 있다.

마지막으로 깨끗이 씻은 화병에 시원한 물을 담아 줄기를 잘라준 꽃들을 넣어준다. 물 올리기를 마치고도 꽃이 더욱 빨리 물을 흡수하도록 해준다며 분무기로 꽃송이 쪽에 물을 뿌리는 경우가 있는데 이는 반드시 삼가야 한다. 왁스 플라워나 수국과 같은 몇몇 꽃들을 제외하고, 대부분의 꽃들은 꽃잎에 물이 직접 닿으면 쉽게 짓무르기 때문이다.

물 올리는 방법

구입해온 꽃을 1~3의 순서로 물 올림 해준다. 물 올림이 잘 안 될 때는 줄기가 휘거나 꺾이지 않았는지 먼저 살핀다. 만약, 휘어 있다면 꽃을 신문지나 종이로 감싸 꼿꼿이 세워 물을 올려본다. 이 밖에 뜨거운 물에 줄기 끝을 지지는 방법도 있다. 줄기나 잎이 뜨거운 물에 다치지 않도록 전체를 부드러운 종이로 감싼 다음, 끓는 물에 15~20초 정도 줄기 끝을 담갔다가 다시 냉수에 담근다. 끓는 물을 준비하기 힘들다면 정수기의 온수를 이용해도 도움이 된다.

1

2

3

1. 꽃송이 아래의 잎들을 1~3장만 남기고 떼어낸다. 이때 가시가 있는 꽃은 가시도 제거한다.
2. 원하는 길이로 꽃줄기의 끝을 사선으로 자른다.
3. 2의 꽃을 물에 넣어 물 올림을 충분히 해준다.

물 올림을 위해 신문지로 말아놓은 모습

꽃을 오래 보관하는 방법

예쁜 모습을 뒤로 하고 종국에는 시들어버리는 꽃에 대한 안타까움과 야속함은 나만 느끼는 감정이 아닌 듯, 종종 매장을 찾는 손님들이 "꽃을 오래 볼 수 있는 방법이 없을까요?" 하고 묻곤 한다. 꽃을 오랫동안 만져왔던 나 역시 꽃의 수명을 연장하는 특별한 노하우가 있는 것은 아니다. 그래도 굳이 꼽아보라면 '부지런한 물 관리'와 '꽃에 대한 애정'이라고 할 수 있다.

꽃을 오랫동안 감상하려면 우선 물을 깨끗하게 관리하는 것이 중요하다. 쉬운 일 같지만 많은 양의 절화를 관리하는 플라워숍에서는 부지런하지 않으면 감당할 수 없다. 일반적으로 하루에 1회, 여름에는 하루에 2회 이상 깨끗하고 시원한 물로 갈아준다. 이때 반드시 함께해야 할 일이 세 가지가 있다.

첫째, 화병을 세제로 깨끗하게 닦아줄 것. 절화를 화병에 꽂아두고 시간이 지나면 화병에 박테리아가 번식하면서 물이 탁해지고 물때가 낀다. 이때는 물만 갈아줘서는 큰 도움이 되지 않는다. 둘째, 꽃과 소재의 줄기를 사선으로 잘라줄 것. 물을 갈아줄 때마다 매번 줄기를 사선으로 잘라서 물 오름이 잘되도록 해줘야 한다. 일부 예외도 있지만 대부분 사선으로 잘라주면 된다. 셋째, 시원한 물로 갈아줄 것. 물 온도가 낮으면 꽃의 수명을 더 길게 할 수 있다. 여름철에는 얼음을 함께 넣어주는 것도 좋은 방법이다.

다음으로 염두에 두어야 할 것은 꽃이 잘 지낼 수 있는 환경을 만들어주는 것이다. 꽃은 온도가 낮아 서늘하면서도 직사광선을 직접 받지 않고 환기가 잘 되는 곳에 두어야 한다. 절화는 온도가 높으면 꽃을 피우는 속도가 빨라지기 때문이다. 이러한 이유로 플라워숍에서는 꽃 냉장고를 이용하여 10도 전

후에서 보관한다. 그렇다고 꽃 냉장고를 너무 맹신해서도 안 된다. 특히 여름철에는 꽃 냉장고 안과 실내외의 온도 차가 너무 크면 냉장고에서 꺼낸 지 얼마 안 되어 꽃이 활짝 피고 빨리 시드는 불상사가 벌어질 수 있기 때문이다.

이외에도 영양 공급이나 살균 효과가 있는 절화의 수명 연장 제품이나 가정용 세제(주로 락스)를 물에 타기도 하는데, 나는 여름을 제외하고는 될 수 있으면 이 방법을 사용하지 않고 기본에 충실하고자 한다. 다시 한 번 강조하지만 부지런한 물 관리와 꽃에 대한 애정이 꽃을 오래 두고 볼 수 있는 가장 중요한 기본 원칙이다.

플라워 디자인에 따라 꽃을 오래 두고 보는 방법

꽃다발
꽃다발은 그대로 말릴 것인지 꽃병에 꽂을 것인지 결정해야 한다. 말린다면 그늘지고 바람이 잘 통하는 곳에 거꾸로 매달아둔다. 꽃을 거꾸로 매달지 않고 세워두면, 꽃이 마르면서 휘어지거나 꺾일 수 있다. 화병에 꽂는다면 줄기 아래쪽을 잘라준 다음 화병에 깨끗한 물을 넣고 줄기의 아래쪽 10센티미터 전후가 담기도록 한다. 그리고 그 이후는 매일 화병 세척, 줄기 아래쪽 사선 자르기, 시원한 물 공급 등 일반적인 꽃 관리 방법과 동일하다.

꽃바구니나 화기꽂이와 같은 플로랄 폼 꽂이
플로랄 폼은 물을 빨아들이는 성질이 있으므로, 아침마다 꽃에 물이 닿지 않도록 작품의 사이즈에 따라 반 컵 내지 한 컵 정도의 물을 플로랄 폼의 중심 쪽에 부어준다. 그러면 플로랄 폼이 물을 머금고, 꽃이 다시 플로랄 폼을 통해 물을 흡수해 상태가 좀 더 오래 유지된다.

플로리스트가 알아둬야 할 계절 꽃들

플라워숍에서 사용하는 절화로 계절을 구분하는 건 사실 무리가 따른다. 많은 꽃들이 시설재배를 통해 계절 구분 없이 출하되기 때문이다. 하지만 꽃을 보기 위해서는 일정 기간 휴면이 필요하거나, 시설에서 재배하기 까다로워 한정된 기간에만 만나볼 수 있거나, 출하되는 시기에 따라 품질의 차이가 발생하는 경우, 제철에 출하되는 국내산과 국내산이 재배되지 않는 시기에 나오는 수입산의 가격 차이가 큰 경우 등 다양한 이유로 재료 준비에 어려움을 겪을 수 있으므로 플로리스트라면 출하 시기가 제한적인 꽃들을 알고 있어야 한다.

봄

봄이 되면 꽃 시장에 많은 꽃들이 쏟아져 나온다. 밸런타인데이, 화이트데이, 졸업식, 입학식 그리고 어버이날, 스승의 날까지 꽃이 많이 소비되는 시기이기 때문이다. 그런데 그중 유독 이 시기에만 볼 수 있는 꽃들이 있다. 봄 꽃들인 이들은 대부분 가을에 심는 추식 알뿌리식물이라는 특징이 있다. 알뿌리식물의 경우 저온을 겪어야만 꽃대를 올리고, 꽃이 진 다음 휴면을 겪어야 하는 특성 때문에 자연 상태에서는 늦은 봄, 절화 시장에서는 늦겨울부터 늦봄까지 만나볼 수 있다.

라넌큘러스 Ranunculus asiaticus

작은 얼굴에 하늘거리는 꽃잎들이 겹겹이 층을 이루고 있는 라넌큘러스는 알뿌리식물로, 레드, 핑크, 연한 핑크, 화이트, 옐로, 오렌지, 와인 등 색이 다채로우며 줄여서 '라넌'이라고도 부른다. 가는 줄기와 풍성한 겹 꽃잎이 어우러진 우아한 자태가 고급스러움을 더하며, 제한된 시기에만 만나볼 수 있어 겨울부터 초봄 사이에 결혼하는 신부들의 웨딩 부케의 주된 소재가 된다. 줄기 속이 비어 있고 대체로 줄기가 얇아 꺾이거나 부러질 수도 있으므로 너무 낮은 화기에 보관하지 않는 게 좋다. 수명은 7~10일 정도.

아네모네 Anemone coronaria

아네모네라는 이름은 바람이라는 의미의 희랍어 'anemos'에서 유래되었다. 아네모네가 바람이 잘 통하는 곳에서 잘 자라고 봄바람이 불 때 꽃이 피기 때문에 붙여졌다고 한다. 실제로 영국에서도 '윈드 플라워 wind flower'라는 별칭으로 불리기도 하고 국내에서도 설악산, 제주도 등지에서 자생하는 친척뻘 바람꽃들이 있다. 아네모네는 밤이 되면 꽃잎을 오므리지만, 활짝 꽃잎을 펼치면 숨겨진 보석 같은 암술과 수술이 꽃잎과 멋진 조화를 이룬다. 레드, 핑크, 화이트, 퍼플 등의 색이 있다. 수명은 5~6일 정도로 짧은 편이다.

프리지어 Freesia hybrida

프리지어는 조그마한 꽃망울이 아래부터 위로 차례로 피며 향이 워낙 강해 봄이 되면 많은 사랑을 받는 꽃이다. 많이 알려진 옐로 외에도 화이트, 핑크, 오렌지 등 다양한 색상이 있다. 수명은 5~6일 정도이지만 꽃망울이 순서대로 개화하기 때문에 상대적으로 수명이 길게 느껴진다.

튤립 Tulipa gesneriana

대표적인 알뿌리식물인 튤립은 꽃잎의 모양이 넓고 원형인 것, 끝이 깃털 모양인 것, 불규칙적으로 층이 있는 것 등 다양한 형태가 있으며 색도 레드, 아이보리, 화이트, 옐로, 딥 퍼플, 연한 핑크, 와인 등 형태만큼이나 다양하다. 튤립은 꽃송이가 무거운 반면 줄기가 가늘어 휘어지기 쉬우므로, 구매 후 바로 신문지 등으로 말아서 줄기를 곧게 해준 다음 물 올림을 하는 것이 좋다. 수명은 품종마다 다소 차이는 있으나 보통 6~7일 정도이다.

히아신스 Hyacinthus spp.

한 송이만으로도 방 한가득 향기로 채울 만큼, 향기의 지존이라고 할 수 있는 히아신스는 줄기에 깔때기 모양의 꽃이 무리 지어 피며, 레드, 퍼플, 연한 핑크, 진한 핑크, 화이트 등의 다양한 빛깔을 만나볼 수 있다. 겨울부터 봄 사이에 주로 만날 수 있는 국내산은 가격이 상대적으로 저렴하지만 길이가 짧은 반면, 비교적 고가의 수입품은 줄기가 길어서 활용도가 더 좋다. 꽃의 수명은 출하 시의 상태에 따라 다소 차이가 있지만 보통 6~7일 정도이다.

작약 Paeonia lactiflora

우아하고 고급스러운 자태를 자랑하는 작약은 플로리스트들뿐만 아니라 꽃을 좋아하는 사람들의 열렬한 지지를 받는 꽃이다. 홑꽃과 겹꽃이 있으나 겹꽃이 더 인기가 많다. 만개한 꽃송이의 지름이 대개 10센티미터에 육박할 정도로 볼륨감이 있으며, 플럼(자주), 화이트, 핑크 등의 색이 있다. 신부들이 결혼식 부케로 가장 많이 선호하는 작약은 4~5월에만 국내산이 출시되고, 나머지 계절에는 모두 고가의 수입산에 의존할 수밖에 없어 작약 부케는 5월 신부의 특권이라고 하기도 한다. 작약은 주변 온도가 높으면 금방 피어버려 서늘한 곳에서 보관하는 게 좋다. 또한, 몽우리나 갓 개화된 상태의 작약을 구매하면 좀 더 오래 꽃을 즐길 수 있다. 수명은 꽃망울 단계에서부터 대략 10일 정도, 꽃망울이 열린 후에는 4~5일 정도이다.

여름

식물들이 꽃을 피우기보다는 성장에 몰입하는 여름이 되면, 알뿌리식물들의 화려한 꽃들이 하나둘씩 사라지고, 탐스럽던 장미도 얼굴이 작아진다. 또한, 날씨가 더워져 꽃을 즐길 수 있는 기간이 짧아지고 여름휴가철로 꽃의 수요가 줄면서 절화의 도매 가격도 상대적으로 저렴해진다. 하지만 매장 운영자들에게는 절화의 유지 관리가 어렵고 매출이 떨어져 이래저래 힘든, 피하고만 싶은 계절이다. 특별히 신경 써야 할 여름 꽃을 소개한다.

델피니움 Delphinium grandiflorum

꽃봉오리가 돌고래처럼 생겼다고 해서 이름 붙여진 델피니움은 블루, 라이트 퍼플(연보라), 화이트 등의 색이 있으며, 청량감을 주는 색채와 함께 긴 꽃대에 핀 작은 꽃송이들이 청초한 느낌을 주어 여름에 사랑받는 대표적인 절화 소재 중 하나이다. 자연 상태에서 6~9월에 개화하기 때문에 좋은 품질의 꽃을 늦봄부터 여름 사이에 만나볼 수 있다. 다른 계절에도 꽃 시장에서 볼 수는 있지만 값이 많이 올라간다. 수명은 보통 7~10일 정도이다.

수국 Hydrangea macrophylla

학명으로도 알 수 있듯 물을 무척이나 좋아한다. '변심'이라는 꽃말이 생길 정도로 다양한 색을 자랑하며 플라워 디자인에서 중심이 되거나 풍성히 받쳐주는 목적으로 사용되는, 빠져서는 안 되는 소재이다. 자연 상태에서는 일반적으로 6~7월에 개화하기에 여름철에는 풍성한 수국을 상대적으로 저렴한 가격에 구매할 수 있다. 화분으로 키우는 수국도 마찬가지이지만 절화된 수국은 특히나 물 관리에 더 많은 주의를 기울여야 한다. 줄기로 물 공급이 충분치 못하므로 꽃잎(사실은 꽃받침)을 수시로 적셔주는 게 좋다. 물 관리만 잘하면 7~10일 정도 즐길 수 있다.

리시안셔스 Eustoma grandiflorum

가끔 장미로 오인을 받지만 장미와는 또 다른 우아한 모습으로 사랑받는 꽃이다. 짧게 '리시안', '리샨'이라 불리기도 하고, 도라지꽃을 닮았다는 이유로 '꽃도라지'라고도 불린다. 리시안셔스는 절화 소재로 계절에 크게 상관없이 시장에 출하되지만, 원래 7~9월에 개화하는 여름 꽃이라 더위에 쉽게 망가지는 다른 꽃들보다 오랜 수명을 자랑한다. 퍼플, 라이트 퍼플, 핑크, 화이트, 그린 등 색도 다양하고 로즈리시안, 보야쥬, 암바 등 각기 다른 형태의 다양한 품종이 있어 활용도가 매우 높다. 한 줄기에 보통 꽃이 여러 송이 달리는데 수명은 평균적으로 10~15일 정도이다.

용담 Gentiana scabra Bunge

용담은 자연 상태에서는 찾기 어려운 희귀종이 되었지만, 서너 가지 컬러의 원예 품종과 노지 품종들이 8~10월 사이에 꽃 시장에 출하된다. 색이 오묘해서 한 단어로 표현하기가 다소 어렵지만 블루, 핑크, 화이트 계열이 있다. 꽃은 층층이 여러 송이가 달려 용도에 따라 길게 혹은 짧게 잘라 작업할 수 있으며, 꽃도 오래가는 편으로 수명은 10~15일 정도이다.

가을

꽃 시장에 가을이 찾아오면 여름 동안 보기 힘들었던 다양하고 튼실한 꽃들이 다시 등장한다. 노지에서 재배하는 꽃들은 봄과는 다른 가을 햇빛을 받아 가을 꽃 특유의 빛깔을 보여주고, 다른 계절에 만나볼 수 없는 컬러풀한 열매를 달고 있는 가을 소재들도 등장하기 시작한다. 대표적인 가을 꽃들을 알아보자.

국화 Chrysanthemum morifolium

대표적인 단일식물로 분화로는 가을 전후로 만나볼 수 있지만 절화는 계절에 상관없이 출하된다. 워낙 오랫동안 재배해와서 품종과 색도 매우 다양하다. 오래된 만큼 사람들의 눈에 너무 익숙해져 다소 밋밋하다는 단점이 있지만, 최근에 새로 개발된 품종들은 그 고급스러움에서 다른 고가의 꽃에 뒤지지 않는다(가격도 그만큼 비싸다). 꽃의 크기에 따라 대륜, 중륜, 소륜으로 나뉘고, 한 줄기에 꽃이 하나 달리는 '스탠더드 형'과 한 줄기에 여러 가지 꽃이 달리는 '스프레이 형'이 있다. 다른 꽃에 비해 수명이 길어(2~3주 정도) 화이트 계열의 국화들은 꽃이 오래가야 하는 장소(장례식장 등)에 주로 사용되기도 한다.

달리아 Dahlia hybrida

본디 여름 꽃이나 절화로는 가을, 초겨울에 좋은 상태의 꽃을 만날 수 있는 국화과의 알뿌리식물로 풍성한 꽃의 형태와 다양한 색감도 매력적이고 활용도도 높다. 화이트, 레드, 퍼플, 핑크 등 컬러도 다양한 편이다. 수명이 5일 정도로 국화과의 다른 꽃들에 비해 짧은 편이고, 꽃에 상처가 생기기 쉬우므로 다른 꽃들과 따로 보관하는 게 좋다.

맨드라미 Celosia cristata

주로 늦여름부터 가을 사이에 출하가 되며 레드, 옐로, 오렌지, 핫핑크 등의 색이 있다. 형태도 볏, 촛불 모양 등 여러 가지인데 절화용으로는 볏을 닮은 형태 crest type를 많이 사용한다. 화려한 색감과 볼륨감 때문에 활용도가 매우 높고 줄맨드라미라고 불리는 줄비름은 사실 맨드라미와는 다른 속에 속한다. 수명은 2주 정도이나 물에 담긴 줄기가 쉽게 짓무르므로 유의한다.

스톡 Matthiola incana

절화 시장에서 10월경부터 만나볼 수 있는 스톡은 작은 꽃들이 이삭 모양으로 길게 피고 향기가 무척 좋다. 화이트, 프림로즈(연노랑), 연한 핑크, 퍼플 등 다양한 색에 꽃은 홑꽃과 겹꽃이 있고, 국화처럼 스탠더드 형과 스프레이 형이 있어서 용도에 따라 다양하게 응용할 수 있다. 한 가지 단점이라면 강한 빛을 받으면 잎이 살짝 말리는데 이 모습 때문에 시든 것으로 오해받는 경우가 종종 있다. 수명은 10~15일 정도이다.

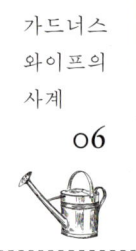

가드너스
와이프의
사계
06

florist eom says,

특별한 날에 특별한 꽃 선물

졸업과 입학 그리고 밸런타인데이와 화이트데이까지 행사가 많은 2~3월이면, 플라워숍은 아수라장이 따로 없다. 예나 지금이나 꽃집의 대목이기 때문이다. 예전에는 졸업식과 입학식에는 학교 앞이나 꽃집에서 만들어주는 정형화된 꽃다발, 밸런타인데이와 화이트데이에는 주로 장미 혹은 안개꽃과 장미로만 이루어진 꽃다발이 넘쳐났지만 세월이 흐르고 개성을 표현하려는 욕구가 강해지면서, 이제는 남들과 다른 독특한 디자인을 찾기 시작했다.

졸업과 입학

봄 시즌 행사의 시작을 알리는 졸업식과 뒤이은 입학식 때면 꽃 시장에 나가기가 겁난다. 전국 각 학교의 졸업식과 입학식이 비슷하게 맞물려 꽃값이 천정부지로 치솟기 때문이다. 거기다 꽃을 사려고 한꺼번에 몰리는 상인들과 일반 고객들로 시장은 발 디딜 틈 없이 북적거린다. 출하량이 한정적이라 물량 확보도 필수이지만, 좋은 꽃을 앞다퉈 구매하려는 이들이 많아 조금만 늑장을 부려도 낭패를 보기 십상이다.

〈가드너스 와이프〉의 플로리스트들도 크게 다르지 않은데, 평소보다 일찍 시장을 찾아 필요한 만큼 꽃을 확보하고 나서도 고민은 끝나지 않는다. 얼마만큼의 꽃다발을 만드느냐, 그리고 어느 정도로 가격을 정하느냐의 문제 때문이다. 수량 고민을 하는 이유는 졸업식이 오전에 주로 몰리다 보니 급한 주문들에 대한 대비가 필요해서이다. 기존 고객들은 거의 대부분 미리 예약을 하지만, 이 시즌에는 처음 매장으로 와서 주문하는 손님들도 많다. 그렇다고 무한정 만들어놓을 수도 없어 가능한 예약을 받고 여분의 꽃다발은 포장하지 않은 채 준비해두었다가 주문이 확정되면 포장에 들어간다.

그런데 수량은 이렇게나마 조절한다고 쳐도 꽃값 책정은 더 어려운 과제이다. 꽃값이 오른 만큼 고객에게 요구할 수는 없기 때문이다. 오른 꽃값을 반영해 꽃다발을 만들면 평소보다 초라해 보이고, 그렇다고 보완하고자 조금씩 꽃을 추가하다 보면 원가에도 못 미치는데 밑지는 장사를 할 수는 없는 노릇이다. 이맘때의 꽃값을 아는 사람들이나 단골 고객들은 이해해주지만, 간혹 몇몇 손님들은 바가지 아니냐며 불만을 토로하기도 한다. 이럴 때는 절화의 농장 출하 단가가 급등했다는 뉴스나 기사가 고맙기까지 하다.

졸업식 꽃다발 만들기 팁을 잠깐 설명하자면, 졸업식에는 대부분 어두운 컬러의 가운이나 교복을 입기 때문에 밝고 화사한 분위기의 꽃다발을 만드는 것이 좋다. 물론 가운이나 교복을 입지 않을 때에는 주문자나 받는 이의 취향에 맞춰 작업해도 큰 무리는 없다. 그리고 실내에서 플래시를 켜고 촬영하면 포장용 투명 비닐이 빛에 반사될 수 있으므로 유의한다.

밸런타인데이와 화이트데이

사랑 고백을 직접 하는 용기 있는 여성과 남성이 많아졌지만, 아직은 꽃과 선물로 마음을 대신 전하려는 이들이 많다. 〈가드너스 와이프〉에서는 매년 꽃과 초콜릿 등으로 구성된 별도의 패키지를 마련한다. 일반적으로 붉은 계열의 꽃을 많이 사용하지만, 최근에는 크게 구분하지 않는 추세라 이 계절에만 만나볼 수 있는 사랑스러운 라넌큘러스나 아네모네도 사용하곤 한다.

한편 이 시기에는 배송 주문이 많기 때문에 갑작스럽게 몰려드는 주문에 대비하기 위해 1~2주 전에 미리 준비한 패키지를 촬영하여 인터넷 홈페이지와 블로그 등에 띄운 후 예약을 받는다. 이렇게 주문을 받아온 지 벌써 햇수로 9년째인데, 매년 주문 상황을 살펴보니 몇 가지 재미있는 점을 발견할 수 있었다.

최근 들어서는 여성이 남성에게 꽃을 선물하는 경우도 많아졌고, 한쪽이 일방적으로 받는 것이 아니라 서로 꽃을 선물하는 일도 많아진 것이다. 또한 준비한 패키지 그대로 주문하던 예전과 달리 특별한 색감이나 꽃을 찾는 이들도 많이 늘어났다. 꽃과 함께 직접 만든 초콜릿이나 케이크를 동봉하는 이들도 있고, 프러포즈용 반지를 케이스에 담아 전하는 이들도 있다.

또 다른 특징은 남성과 여성이 선호하는 스타일이 다르다는 점이다. 여성은 대체적으로 아담한 크기를 선호하며 꽃의 색감과 종류, 포장까지 세세하게 요청하는 경우가 많다. 반면, 남성은 세심한 요구보다는 멋지고 고급스럽게 보이도록 해달라고 주문하는 편이다. 그래도 아직은 남성이 여성에게 꽃을 선물하는 경우가 많아서인지 〈가드너스 와이프〉는 밸런타인데이보다 화이트데이에 주문이 더 많다.

알아서 예쁘게 해주세요?

〈가드너스 와이프〉에서 꽃을 주문하는 손님 중 대다수가 꽃을 주문할 때 '예쁘게' '화사하게' '고급스럽게' 해달라고 하는데 심지어 '알아서' 해달라는 경우도 왕왕 있다. 하지만 그간의 경험으로 볼 때 손님마다 그 기준이 다르다. 그나마 숍으로 찾아와 직접 플로리스트와 함께 꽃을 보고 고르는 경우는 덜하지만 전화로 주문하는 경우 손님과의 합의점을 찾기까지 시간이 오래 걸릴 수밖에 없다.

손님들은 아무래도 특별한 날이 아니면 꽃을 자주 접하지 않는 경우가 대부분이라 꽃에 대한 요구사항을 정확하게 설명하기란 쉽지 않다. 그렇기 때문에 플로리스트가 질문을 던질 수밖에 없다. 원하는 디자인 스타일이나 전체적인 색감, 꽃의 종류와 포장 스타일 등을 세세하게 묻는다. 꽃이나 소재의 종류로 표현하는 방법도 있지만 같은 꽃이라도 연출하는 방법이나 포장, 리본의 매치만으로도 달라질 수 있기 때문이다. 그러니 마음에 쏙 드는 꽃선물을 위해 플로리스트와 주문을 하는 고객 모두가 염두에 두었으면 하는 몇 가지를 적어보았다.

목적과 용도를 명확히 할 것
꽃을 받는 이의 성별과 나이, 그리고 선물의 용도나 목적에 따라 디자인이 달라지기 때문에 이 부분을 상세히 밝힌다. 고객에 대한 정보는 플로리스트가 어떤 색상이나 스타일로 작업할지 참고할 수 있는 가장 중요한 부분이다. 용도에 대한 정보는 꽃의 색상이나 스타일뿐만 아니라 꽃다발, 꽃바구니, 화병꽂이, 화기꽂이, 센터피스 중 어떤 것이 적합할지 판단할 수 있는 기준이 된다.

메인 컬러 정하기
꽃을 받는 이가 좋아하는 꽃 종류를 알면 가장 좋겠지만, 그렇지 않을 때에는 메인이 되는 꽃의 컬러를 정해주면 좋다. 결혼기념일엔 붉은색, 어르신께는 진보라색 등 과거에는 공식처럼 컬러에 대한 고정관념이 있었으나 요즘에는 받는 이의 개성과 취향에 맞춰 컬러를 선택하는 것이 일반적이다.

가능하면 예약 주문
플라워숍마다 보유하는 꽃의 재고량은 한계가 있어 당일 주문하게 되면 시간 제약과 꽃의 종류와 수량 부족으로 원하는 스타일을 연출하는 데 어려움을 겪을 수도 있다. 그러므로 특별히 찾는 꽃이 있거나 한 가지 종류나 색상의 꽃이 다량으로 필요하다면 2~3일 전 플라워숍에 미리 연락해 새로운 꽃이 들어오는 날을 확인한 후 예약하도록 한다.

플라워레슨 준비

CHAPTER 07

플라워레슨 실전

플로리스트 엄지영

〈가드너스 와이프〉 플라워스쿨

'처음'은 늘 긴장과 함께 막연히 설렌다. 나 역시 처음 꽃을 배울 때 마찬가지였다. 무척 긴장을 하면서도 재미있게 배우다 보면 내 손으로 꽃다발도, 꽃바구니도 척척 만들어낼 수 있다는 기대가 있었다.

그렇게 시작한 첫 수업. 꽃에 대한 예비지식이 없던 나는 그저 일러주는 꽃의 이름과 생김새를 넌지시 살펴본 다음 선생님의 지도에 따라 꽃을 꽂았다. 그저 하라는 대로만 했을 뿐인데 놀랍게도 수업을 마칠 즈음 내 앞에는 작품 한 점이 완성되어 있었다. 물론 엉성하기 그지없었지만 작은 성취감과 뿌듯함이 마음 한편에 기분 좋게 자리했다.

하지만 수업이 거듭될수록 한숨이 늘었다. 선생님의 시연은 보기에는 참 간단한 것 같은데 직접 해보면 꽃마다 위치를 잡는 것도 서툴고, 전체적인 모양도 매번 흐트러지기 일쑤였다. 이 꽃의 위치를 바로잡으면 저 꽃의 위치가 비뚤어졌다. 잘하려는 마음만 앞서 우왕좌왕할 때면 영락없이 작품에 내 마음이 그대로 반영되었다. 이렇게 한 번, 두 번 시행착오를 겪으며 '감'이란 녀

석과 씨름하던 횟수가 늘어나니 어느새 '감'을 잡을 수 있게 되었다.

〈가드너스 와이프〉 플라워스쿨의 첫 수업 날, 수강생들에게 꼭 당부하는 말이 있다. "꽃을 너무 만만하게 보지 마세요. 꽃을 다루는 일은 단번에 잘할 수 있는 것이 절대 아닙니다. 차차 익혀 나간다는 마음으로 여유를 가지고 아름다운 꽃을 즐겨주었으면 좋겠어요"라고 말이다.

플로리스트를 꿈꾸는 이들은 꽃을 좋아하기 때문에 이 꽃들을 내 손으로, 내가 원하는 방식으로 표현해보고 싶어 〈가드너스 와이프〉 플라워스쿨의 문을 두드린다. 그런데 마음만 너무 앞서서 단번에 잘해보겠다는 욕심을 부리기 쉽다. 익숙하지 않은 소재를 가지고 이제 배우기 시작하는 이들이 플로리스트의 작품과 똑같이 만들려고 과욕을 부리면 금세 지치고 만다. 잘 해내야 한다는 부담감이 꽃을 좋아하는 마음을 덮어버리기 때문이다. 또한 자신보다 좀 더 잘하는 듯 보이는 수강생들의 작품과도 비교하게 된다. 그러다 보면 조급함에 작품에 손을 대다 형태가 어긋나버리고, 결국 꽃을 만지는 행복감 대신 스트레스만 잔뜩 쌓인다. 잘하기 위해서는 그만큼 마음을 비우는 연습을 해야 한다. 욕심을 버리고 즐긴다는 마음으로 여유롭게.

아마 앞으로 소개하는 방법대로 작품을 만들어볼 독자도 있을 텐데, 완벽하게 완성해 보이겠다는 마음보다는 꽃을 즐기고 사랑하는 마음으로, 연습하는 마음가짐으로 임했으면 좋겠다. 시연 과정을 눈으로 익히고 바로 따라 해보기도 어려운데, 책을 통해 배운다는 것은 정말 얼마나 더 힘들까 싶다. 그러니 조금은 모양이 예쁘지 않아도, 완성도가 떨어지더라도 실망하지 말고 '꽃과 친해지는 연습을 한다'는 기분으로 즐겨주었으면 한다. 꾸준한 연습과 노력만이 멋진 결과로 이어질 테니까.

꽃다발 만들기

플라워 디자인의 가장 기본이지만 결코 만만하게 볼 수 없는 것이 꽃다발이다. 다른 도구의 힘을 빌리지 않고 오로지 플로리스트의 손으로만 모양을 만들어내야 하기 때문이다. 제일 먼저 꽃다발부터 만들어볼 텐데, 꽃다발을 만드는 방법 중에서도 스파이럴 방식을 시작으로 기본적인 포장 방법, 다양한 소재를 이용한 꽃다발, 그룹핑 꽃다발을 완성해본다. 마지막으로 꽃다발 작업의 백미인 웨딩 부케 만들기까지 살펴보자.

스파이럴 방식으로 꽃다발 완성하기(오른손잡이 기준)

스파이럴 방식은 줄기가 엉키지 않게 한쪽 방향(오른손잡이일 때는 시계 반대 방향)으로 줄기를 하나씩 차곡차곡 추가하며 돌려 쥐는 방식으로, 완성된 모양이 반구 형태를 이룬다. 이 방식은 줄기를 추가하는 방향을 지키지 않으면 줄기끼리 엉켜서 전체 모양을 완성하기 어렵거나 잘못하면 줄기가 부러지기도 하니 주의해야 한다. 줄기가 엉키는 걸 막는 방법은 처음 꽃을 넣을 때 줄기부터 먼저 뒤로 넣은 다음, 꽃의 얼굴을 원하는 위치에 넣는 것이다. 이 작업을 반복하면서 꽃을 넣을 때 전체적인 모양이 찌그러지지 않게 동그란 모양을 맞춰가면 된다. 만약 꽃다발의 뒤쪽에 꽃을 넣기가 어렵다면 꽃다발의 뒤쪽을 앞으로 완전히 돌려 앞으로 넣으면 된다.

　스파이럴 방식의 꽃다발을 만들 때, 왼손은 꽃을 고정하듯 잡는 역할을 하며 오른손은 새 꽃을 추가하는 역할을 담당한다. 이때 왼손이 잡고 있는 지점이 바인딩 포인트로, 작품을 완성하고 나서 끈이나 리본으로 묶는 위치이다. 바인딩 포인트는 꽃다발의 크기에 따라 위치가 움직이는데, 예를 들면 꽃다발을 크게 만들고 싶다면 바인딩 포인트를 처음에는 기본 상태에서 잡았다가 이후에는 조금 아래쪽으로 내려 잡도록 한다. 그래야 꽃이 꺾이지 않으면서도 풍성하게 연출된다. 처음부터 아래쪽으로 내려 잡지 않는 이유는 너무 아래쪽으로 잡아 만들기 시작하면 꽃들이 모이지 않고 넓게 벌어져 모양을 잡기 어려워지기 때문이다.

　바인딩 포인트를 잡는 것만큼 어려운 것이 힘 조절인데 처음 해보는 수강생들은 예외 없이 바인딩 포인트를 잡고 있는 손에 너무 힘을 주곤 한다. 그러면 추가한 꽃송이 수가 늘어날수록 꽃들이 손 안에서 제멋대로 움직여 이를 방지하려고 힘을 주게 되니 손이 저리고 아프다. 꾸준한 연습을 통해 익숙해지면 힘 조절이 자유로워지므로 이 점은 시간에 맡기는 수밖에 없다.

또한 꽃을 추가할 때마다 꽃이 움직여 모양이 바뀌게 되므로 마지막 완성 후 끈이나 테이프로 묶어 마무리하기 전까지 수시로 모양이 잘 완성되고 있는지, 줄기가 부챗살처럼 잘 펴져 있는지를 확인해야 한다. 툭 튀어나온 꽃송이는 안으로 들여넣고, 움푹 들어간 꽃송이는 위쪽으로 살짝 빼주면서 수정을 거듭해야만 만족스러운 꽃다발이 완성된다.

그럼 이제 세 종류의 장미를 이용하여 직접 스파이럴 방식으로 꽃다발을 만들어보자.

뷰티오제르

젠

멘트라

1. 물 올림을 마친 장미(물 올리기 157쪽 참조) 3종을 각각 10송이씩 준비한다. 모두 합쳐 30송이의 장미 중 한 대를 택해, 왼쪽 손바닥으로 줄기를 완전히 감싸듯 잡아준다. 이때 1-1처럼 잡게 되면, 계속 꽃을 추가할 때마다 손가락이 아파 잡는 힘이 약해져 바인딩 포인트 지점이 흐트러질 수 있다.
2. 오른손으로 장미 한 대를 택한 다음, 이를 왼쪽 손 기준으로 시계 반대 방향으로 돌려 잡는다.
3. 역시 꽃 한 대를 택해 2와 같은 방법으로 추가한다.
4. 한 대씩 추가해나감에 따라 줄기가 소용돌이 형태로 퍼져나가야 한다.
5. 대수가 많아져도 계속 엄지와 검지로 링을 만들어 바인딩 포인트를 유지하며, 한 대씩 추가할 때마다 검지를 열었다 닫는다.

6~7 계속해서 장미를 한 대씩 추가할 때마다 전체 모양이 반구 형태를 이루는지 확인하며 모양을 잡는다.

8 완성된 꽃을 사방으로 돌려가면서 전체 모양을 정리한다. 이때 같은 색감의 장미들이 한 방향으로 몰리지 않았는지 확인하며 모양을 수정해준다.

9~10 완성된 꽃다발의 줄기 부분(바인딩 포인트)에 방수 테이프를 몇 겹 감아 붙여서 고정한다.

11 가위를 이용해 줄기 끝 부분을 일자로 잘라준다. 이때 가운데 부분을 바깥 부분보다 조금 더 짧게 잘라주면 꽃다발을 세울 수도 있다.

꽃다발이 돋보이도록 포장하기

스파이럴 형태로 바인딩 포인트에 리본만 묶어서 완성할 수도 있지만, 플로리스트라면 고객이 요구하는 다양한 포장 방법을 익히고 있어야 한다.

〈가드너스 와이프〉에서 가장 많이 사용하는 포장 방법은 속지와 겉지를 준비해 꽃다발을 두 번 감싸되, 바인딩 포인트 부분의 볼륨감을 살려가며 주름을 잡아 완성하는 방법이다. 포장 재료는 시중에 다양한 종류가 있는데 〈가드너스 와이프〉에서는 주로 종이와 비닐 소재를 많이 사용한다.

먼저 원하는 포장지를 선택해 재단한다. 세로 길이는 꽃송이 쪽 끝에서부터 바인딩 포인트 지점까지의 길이보다 2배 살짝 넘긴 정도로 자른다. 가로 길이는 꽃다발의 크기에 비례하는데, 최소 3~5장 정도로 꽃다발을 감쌀 수 있도록 잘라준다. 대개 한 장당 20~30센티미터 전후로 많이 사용하는데, 바인딩 포인트에 주름을 잡는 것까지 고려해야 하기 때문이다.

포장 주름은 포장지를 많이 구기지 않으면서 엄지와 검지만으로 한 번에 주름을 잡는 것이 좋은데, 이때 주름을 너무 적게 주면 포장지가 꽃에 바싹 붙어 답답해 보이고 꽃다발의 크기도 작아져 볼품없는 형태가 된다. 반대로 주름을 너무 많이 잡으면 힘이 없어져 포장지가 아래로 주저앉기 쉽다.

마지막으로 리본을 묶어 완성한다. 꽃과 포장지가 움직이지 않도록 한 번 세게 묶어준 다음, 다시 리본 모양을 만들어 묶어준다. 다음으로 포장지 밖으로 나온 줄기를 깔끔하게 잘라서 모양을 다듬고 마무리한다.

1   연갈색 포장지(겉지)와 진갈색 포장지(속지)를 겹친 다음 꽃의 크기에 맞춰 자른다. 이때 바깥쪽 연갈색 포장지를 안쪽 진갈색 포장지보다 조금 크게 준비한다.

2~4   안쪽 진갈색 포장지로 꽃다발을 감싼 뒤, 다시 연갈색 포장지로 겹치듯이 한 번 더 감싼다. 이때 포장지를 감싸면서 주름을 잡는 것이 중요한데, 포장지를 덧대어 잡을 때 엄지와 검지로만 잡아 자연스러운 주름이 생기도록 한다.

5   꽃다발을 포장한 두 겹의 포장지를 정리해서 잘 펴준 다음, 길게 튀어나온 부분은 가위로 잘라 모양을 다듬는다.

6~7 꽃다발과 어울리는 공단 리본을 준비해 처음에는 꽉 묶어 포장과 꽃다발이 분리되지 않도록 한 후 다음 매듭을 만들어 묶는다.

8   포장지 아래로 나온 줄기들을 가위로 잘라 마무리한다.

다양한 소재를 사용해 자연스러운 형태의 꽃다발 완성하기

스파이럴 방식으로 꽃다발을 만드는 것이 익숙해졌다면, 이번에는 여러 종류의 플라워를 적절히 섞어 좀 더 자연스러운 형태의 꽃다발을 만들어보자. 만드는 방법은 장미 꽃다발과 동일하다. 다만 사용하는 소재가 달라지는 만큼 꽃의 크기와 형태, 줄기의 굵기와 곁가지들의 위치가 각각 달라지므로 꽃이 상하지 않도록 잘 다뤄가며 만들어야 하는 새로운 과제가 주어진다. 더불어 그린 소재와 다른 플라워들 사이의 컬러와 질감, 높낮이를 고려하여 잘 어우러지도록 완성한다.

1   재료 중 메인이 되는 폼 플라워인 작약을 맨 먼저 선택한 후, 그린 소재인 레몬잎을 덧대어 작약 옆에 다른 꽃들이 붙지 않도록 한다.

2~3   추가되는 꽃들과 그린 소재를 스파이럴 방식으로 줄기가 시계 반대 방향으로 서로 엉키지 않도록 덧대어나간다. 이때 그린 소재들이 꽃의 사이사이에 위치하도록 하되 꽃보다 너무 튀어나오지 않게 조절한다.

4~5   서로 다른 꽃들이 추가될 때마다 위에서 봤을 때 원형을 이루는지, 옆에서 봤을 때 반구 형태를 이루는지, 그리고 꽃의 높낮이가 자연스러운지 확인한다. 원하는 형태가 갖추어졌다면 방수 테이프로 고정한다.

6   꽃과 잘 어울리는 포장지를 선택한다. 진보라색 같은 강한 색상의 포장지를 써도 좋지만, 이번 작품에는 은은한 느낌을 표현하고자 연녹색의 포장지를 선택해보았다.

그룹핑 꽃다발 완성하기

같은 종류의 꽃을 3~5송이씩 그룹을 지어 어레인지하는 방법이다. 그룹핑 grouping 기법을 이용해 만든 꽃다발은 소재끼리 정돈되고 모아져 깔끔하고 모던한 느낌을 표현하기에 좋다. 또한 그린 소재를 이용해 섹션을 나눠 엮은 꽃다발은 섹션별로 각각의 다양한 색과 모양, 소재들의 질감을 감상할 수 있는 장점이 있다.

1~2   먼저 섹션을 구분하는 데 사용하는 잎이 넓고 긴 엽란을 둥글게 말아 방수 테이프로 고정한다. 둥글게 만 엽란은 섹션을 나누는 역할 및 그린 소재의 역할도 할 수 있으므로 여유 있게 준비한다.

3   거베라만으로 첫 섹션을 만들고 미리 만들어둔 엽란을 덧댄다.

4   그다음 섹션으로 장미, 스톡과 리시안셔스 등 나머지 꽃들을 추가한다. 스톡 대신 엽란이 들어가도 무관하지만, 섹션을 구분하는 용도로 엽란만을 사용하면 딱딱한 느낌이 들 수 있으므로 각기 다른 색의 꽃들끼리 묶어서 색으로 구분되는 섹션을 만들어보았다.

5~6   위에서 봤을 때 원형을 이루는지, 옆에서 봤을 때 반구 형태를 이루는지 확인한다. 원하는 형태가 갖추어졌다면 방수 테이프로 고정한다.

웨딩 부케 스타일의 꽃다발 완성하기

결혼식에서 신부들이 드는 웨딩 부케에서 착안된 형태로, 포장하지 않고 꽃과 줄기를 그대로 노출시키는 꽃다발을 만들어보자. 이러한 스타일의 꽃다발은 보통의 꽃다발보다 시선이 꽃에 더욱 집중된다. 따라서 꽃의 아름다움을 표현하기에 좋으며, 인위적인 느낌이 배제되어 자연스러움을 한껏 살릴 수 있다. 하지만 포장을 통해 부피감을 살린 일반 꽃다발보다 사이즈가 작아 보이므로, 예산이 부족하거나 크기를 중시해야 하는 용도의 꽃다발에는 적합하지 않을 수도 있다.

1   메인이 되는 칼라에 꽃과 그린 소재 역할을 동시에 할 수 있는 스키미아를 덧댄다.

2~3   튤립과 리시안셔스를 그룹핑으로 덧붙인다. 이때 같은 종류로 그룹핑하더라도 높낮이를 줘서 자연스러운 느낌을 연출한다.

4   위에서 봤을 때 원형을 이루는지, 옆에서 봤을 때 반구 형태를 이루는지 확인한다. 원하는 형태가 갖추어졌다면 방수 테이프로 고정한다.

5~6 호엽란을 이용해 방수 테이프를 가리며 매듭을 짓는다. 한 번
    만 묶으면 줄기가 벌어질 수 있으므로 아래 위로 두 번 묶는다.

7   완성된 모습.

화병꽂이 만들기

꽃다발만큼이나 활용도가 많은 플라워 작업으로 꽃다발을 선물받아 화병에 꽂아두는 것도 화병꽂이의 일환이다. 테이블이나 선반 장식에 자주 이용하는 방식이기도 하다. 이번에는 화병꽂이 방법으로 테이핑을 이용하는 법과 그린 소재를 이용하는 법, 핸드타이드 방법을 살펴보자.

테이핑을 이용한 화병꽂이 완성하기

화병의 입구를 투명 테이프를 이용해 가로세로로 바둑판처럼 만든 후 꽃을 꽂는 방식이다. 테이핑은 화병의 입구가 넓거나 화병의 높이가 낮을 때, 그리고 단순하면서도 기하학적인 디자인을 표현하고자 할 때 사용한다. 이처럼 테이핑을 통해 꽃을 꽂는 면적을 분할하면, 꽃들과 꽃들이 서로의 줄기로 지탱하며 받쳐주는 힘 외에도 테이프를 통해 힘을 받아 지지가 되기 때문에 디자인을 하기가 한결 수월하다.

가로세로로 두르는 테이핑 횟수는 화병 입구의 크기에 따라 달라지지만 너무 촘촘히 두르는 것은 피한다. 두세 가지 꽃으로 연출하는 단순한 작업은 상관없지만, 많은 꽃을 가지고 작업할 때에는 꽃을 빼고 넣을 때 거치적거릴 수 있다.

테이핑 기법은 사실 플라워숍에서는 많이 쓰지 않는다. 테이핑 된 좁은 면적 안에 꽃을 꽂다 보면 줄기가 복잡하게 얽혀 작업하는 데 어려움이 있고 물을 갈아줄 때에도 번거롭기 때문이다. 하지만 특별한 기술 없는 초보자라도 다소 어렵지 않게 화병꽂이를 할 수 있다는 장점이 있다.

그럼 이제 꽃이 크고 화려한 아마릴리스와 선 모양의 길고 가는 잎으로 곡선을 만들어 플라워 디자인에 다양하게 응용하는 스틸그래스를 이용하여 기본적인 화병꽂이를 배워보자.

1~4   유리 화기 안에 줄기가 보이지 않도록 스틸그래스를 두른다. 엽란 등 넓은 잎을 가진 소재를 두를 때와 달리 얇은 스틸그래스는 아래쪽부터 촘촘하게 붙여줘야 한다.

5~6   화기 입구에 투명 테이프를 가로세로 둘러 격자무늬 틀을 만들어준 다음, 화기의 1/2 정도 물을 채운다.

7~8 아마릴리스를 짧게 자른 후 틀 안에 꽂는다. 한 줄기에 달린 두 송이의 사이가 벌어져 있다면 테이프를 이용해 꽃송이가 서로 붙도록 한다.

9~10 전체적인 꽃의 모양이 반구 형태를 이루는지 확인하며, 비어 보이는 공간에 남은 꽃들을 채워넣는다. 이때 완성 후 줄기가 짧은 꽃에 물이 닿지 않으면, 물을 더 채워서 모든 꽃의 줄기가 물에 잠기도록 한다.

그린 소재로 작업 후 꽃을 꽂는 화병꽂이 완성하기

화병꽂이 중 가장 많이 사용되는 방법으로, 먼저 그린 소재를 이용해서 화병에 어느 정도 틀을 만든 후 그린 소재 사이사이에 꽃을 꽂는 방식이다. 다른 작업에 비해 꽃과 꽃 사이가 붙지 않으면서 골고루 퍼지도록 만들어야 한다.

　이 작업은 리듬감을 살리기 위해 높낮이를 조절하며 꽃을 추가하는 과정에서 꽃과 그린 소재가 이리저리 움직여 초보자에게는 다소 어려울 수도 있다. 하지만 넉넉함과 자연스러움을 한껏 살릴 수 있는 매력이 크다. 초반부에 겪는 다소의 혼란스러운 순간이 지나고 작업의 후반부에 이를수록 꽃과 소재들이 서로 지지를 하기 때문에 한결 수월하게 작업할 수 있다.

* 사진상에 루스커스가 누락되었습니다.

1   유리 화병에 물을 1/2 정도 채우고, 레몬잎 두 줄기를 사선으로 엇갈리게 넣는다. 이때 완성된 꽃의 전체 높이는 화기와 꽃의 비율이 1:1 정도가 되도록 한다.

2   루스커스와 비브륨을 1의 레몬잎과 서로 교차되게 넣는다. 이러한 방법으로 여분의 레몬잎, 루스커스와 비브륨을 화병에 빙 둘러 교차하여 넣어 각각의 줄기들로 그물망을 만들어준다.

3~4   불두화를 2의 그물망 사이사이에 꽂는다. 불두화는 송이가 크고 무거워서 고개를 숙이는 경우가 많으므로 그린 소재로 받쳐가면서 꽃송이를 잡는다.

5 양귀비, 스위트피, 장미 등의 나머지 꽃들을 순서와 관계없이 직각이나 사선으로 꽂아 빈 공간을 메운다. 전체적인 모양이 반구 형태를 이루는 것이 좋으므로, 머릿속으로 가상의 아웃라인을 그려 여기에서 벗어나지 않도록 꽃과 소재를 정리하는 것이 중요하다. 이 과정에서 돌림판 위에 화병을 올려두고 작업하면 한자리에서 사방의 모양을 확인할 수 있다.

6 한곳에 그린 컬러나 유사한 컬러의 꽃들이 뭉치지 않도록 주의하며 전체적인 꽃의 모양을 살핀다. 완성 후 줄기가 짧은 꽃에 물이 닿지 않으면 물을 더 채워 모든 줄기가 물에 잠기도록 한다.

핸드타이드 화병꽂이 완성하기

핸드타이드(꽃다발) 작업 후 바인딩 포인트를 묶은 채로, 물이 담긴 화병에 담는 방법이다. 이처럼 핸드타이드 기법으로 화병꽂이를 하면, 물을 갈아주거나 혹은 운반할 때마다 꽃의 모양이 흐트러질 우려가 없어 편리하다.

이번 실습에는 간단하게 칼라 한 종류로 연출해보려 한다. 화병꽂이를 할 때 화병 입구를 꽃으로 다 채울 수도 있지만, 한쪽으로 기대 멋스럽게 연출할 수도 있다.

칼라　　　　　　　　　　　　　　호엽란

1   둥근 유리 화기를 준비하고 물을 1/3 정도 담는다.

2~3   칼라의 모양과 방향을 고려하여 한 대씩 추가하며 잡는다.

4~5   완성된 꽃다발의 줄기를 잘라 화병에 넣어 줄기 스스로 지지가 되는 길이가 될 때까지 조금씩 잘라가며 길이를 맞춘다.

6~7 완성된 모양이 흐트러지지 않도록 바인딩 포인트 지점을 방수 테이프로 꼭 묶어준다. 그런 다음 바인딩 포인트 위로 호엽란을 휘감아 자연스럽게 테이프를 가린다.

8 호엽란으로 화기 안쪽을 장식한다.

9 물이 담긴 화기에 완성된 꽃다발을 넣는다.

플로랄 폼을 이용한 꽃이 만들기

이번에는 플라워 디자인을 하는 데 있어 다양한 화기를 활용할 수 있게 해주는 플로랄 폼 꽂이를 배워보자. 앞에서 설명한 플로랄 폼의 특징(118쪽)을 염두에 두면서, 파베 기법으로 플라워 박스를 만들어보고, 세라믹 화기도 이용해보고, 나무 소재의 바구니를 이용해 연출해보자.

파베 기법으로 만드는 플라워 박스 완성하기

박스 안에 플로랄 폼을 넣고 꽃의 높이를 일정하게 맞추어 꽂아주는 기법을 파베pave라고 한다. 형태 또한 원, 사각, 하트 등 각 용기에 따라 플로랄 폼을 잘라주면 되므로 다양하게 작업할 수 있다. 한 가지 주의할 점은 뚜껑이 있는 플라워 박스를 제작할 때에는 꽃이 박스 안으로 들어가게 해야 한다. 그래야만 뚜껑을 덮었을 때 꽃의 모양이 눌리지 않는다. 이때 꽃봉오리의 높이를 고려하여 플로랄 폼을 박스 높이의 2분의 1 이하로 낮게 잘라주어야 꽃이 박스 밖으로 튀어나오지 않는다. 반대로 뚜껑이 없는 플라워 박스를 제작할 때는 꽃을 화기 밖으로 어느 정도 노출시켜 좀 더 풍성하게 작업할 수 있다.

1   플로랄 폼의 높이를 박스 높이의 1/2로 맞춰 자른 뒤, 물에 담근다.

2~3   박스에 물이 배지 않도록 포장용 투명 비닐로 물을 머금은 1의 플로랄 폼을 감싸고 박스에 넣은 다음, 박스 윗부분의 포장용 투명 비닐을 가위로 잘라낸다.

4   장미 줄기처럼 비교적 단단한 소재의 줄기를 박스의 네 구석에 박스 높이보다 조금 높게 하여 꽂는다. 나중에 뚜껑을 닫을 때 꽃이 망가지는 것을 방지하기 위해서이다.

5   얼굴이 가장 큰 수국을 박스 높이에 맞는 길이로 자른 후 줄기 끝을 엄지와 검지로 단단히 잡고, 못을 박는 기분으로 힘을 조절하여 2~3회에 걸쳐 플로랄 폼에 줄기가 1cm 정도 들어가도록 꽂는다.

6~7 라넌큘러스 등 나머지 소재도 박스 높이에 맞춰 줄기를 사선으로 자른 다음, 수국을 둘러싸듯 그 주변에 꽂는다.

8 꽃들을 너무 촘촘하게 꽂아서 답답한 느낌이 들지 않도록 유의하며, 꽃 사이의 간격이 벌어진 부분은 송이가 작은 꽃들로 채운다.

9~11 박스 안의 플로랄 폼이 꽃 사이로 보이지 않도록 빈 공간을 채워 마무리한다.

12 박스의 뚜껑을 덮어 완성한다. 이때 취향에 따라 플라워 박스와 어우러지는 색감의 리본을 선택해 뚜껑이나 박스 몸체에 둘러주어도 좋다.

세라믹 화기로 연출하는 플로랄 폼 꽃이 완성하기

플로랄 폼이 화기 안에 들어갈 수 있도록 사이즈에 맞춰 넣은 다음, 꽃을 꽂는 방법이다. 사방에서 꽃을 감상할 수 있기 때문에, 어느 쪽으로 보아도 완성도가 있어 보이도록 입체적으로 작업해야 한다. 화기꽂이는 화기의 컬러, 질감, 형태가 작품의 느낌에 영향을 주므로, 꽃과의 조화를 고려해서 화기를 선택한다.

특히 세라믹 화기는 바구니로 연출할 때보다 더욱 고급스러운 분위기를 자아낸다. 화기에 꽂는 꽃은 대개 반구 형태를 이루는데, 이때 화기꽂이에 사용되는 꽃들은 높낮이의 변화를 주되 전면, 측면, 후면의 균형 또한 맞추면서 디자인해야 하므로 많은 경험과 연습이 필요하다.

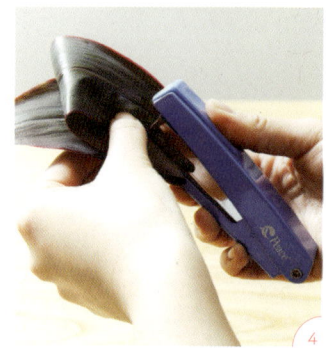  

1   물을 먹인 플로랄 폼을 재단하여 화기에 넣는다. 이때 플로랄 폼의 높이는 화기보다 1cm 정도 올라오게 하고, 방수 테이프를 이용해 화기와 폼을 고정한다.

2~3   완성하고자 하는 형태와 사이즈를 머릿속에 떠올리며, 그린 소재인 레몬잎과 천리향으로 밑그림을 잡는다.

4~6   홍죽을 둥글게 접은 후 스테이플러로 고정하고, 호엽란도 말아서 플로랄 테이프로 고정한다.

7~8   가장 중심이 되는 꽃인 심비디움부터 자리를 잡아준다. 둥글게 만든 홍죽도 한쪽에 모아서 꽂는 동시에 호엽란도 포인트가 될 수 있게 꽂는다.

9   나머지 꽃인 맨드라미와 장미, 라넌큘러스 등을 형태에 맞게 꽂는다. 각 꽃은 조금씩 높낮이를 달리하여, 답답한 느낌이 들지 않도록 한다. 이때 꽃만으로 플로랄 폼을 채우기보다 섬담쟁이와 같은 필러 플라워도 함께 사용해 자연스러운 느낌을 연출한다. 또한, 플로랄 폼과 화기의 경계가 되는 부분에는 소재들을 약간 기울여 꽂아 경계가 가려지도록 한다.

10   화기를 사방으로 돌려가면서 모든 방향에서 꽃이 적절히 자리를 잡았는지, 전체적인 모습이 반구 형태를 이루었는지 확인해가며 남은 꽃들을 꽂는다.

11   형태를 완성하였다면, 플로랄 폼이 보이지는 않는지 확인하고 빈 공간에 그린 소재인 루스커스를 채워넣어 마무리한다.

바구니로 연출하는 플로랄 폼 꽂이 완성하기

나무 소재로 엮어 만든 바구니 안에 플로랄 폼을 넣고 꽃을 꽂는 방법이다. 손잡이가 있는 바구니와 손잡이가 없는 바구니 두 종류가 있는데, 손잡이가 달린 바구니는 들고 이동하기가 편리하여 꽃다발 다음으로 인기가 많다.

주로 직사각 형태를 취하는 바구니는 옆으로 긴 면이 메인이 되기 때문에 상대적으로 풍성해 보이며, 나무 소재로 만들어진 바구니의 특성상 자연스러운 느낌이 연출된다.

1 　바구니에 플로랄 폼 높이를 맞추기 위해서 스티로폼 등을 바닥에 넣고, 플로랄 폼에서 흘러나온 물이 새지 않도록 바구니 안쪽에 비닐을 깐다. 그다음 물을 머금은 플로랄 폼을 바구니 안쪽에 넣는다. 이때 플로랄 폼의 높이는 바구니보다 살짝 높게(2~3cm) 오도록 한다.

2~3 　바구니와 비슷한 색상의 지철사로 플로랄 폼과 바구니를 고정한다.

4 　완성하고자 하는 형태와 크기를 머릿속에 떠올리며, 바구니의 모양에 맞게 타원형이 될 수 있도록 그린 소재인 레몬잎과 천리향으로 밑그림을 잡는다.

5   가장 중심이 되는 연밥부터 자리를 잡는다.

6   다음으로 매스 플라워인 장미와 리시안셔스, 용담을 꽂는다. 이때 청색의 용담은 작품의 포인트가 되기 때문에 주의를 기울여 배치하도록 한다. 너무 많이 분산시켜서 꽂으면 자칫 지저분해 보일 수 있다.

7   생강초, 상사화, 옥시 등 필러 플라워도 매스 플라워 사이사이에 높낮이를 주며 채워나간다. 플라워 폼이 보이지 않는지, 전체 형태가 타원형인지 점검하며 그린 소재로 마무리한다.

가드너스
와이프의
사계
07

florist eom says,
꽃은 사랑의 묘약

19세기 유럽에서는 '당신을 사랑합니다'라는 직접적인 고백을 무례하게 여겨 꽃으로 마음을 전했다고 한다. 이러한 고백 방식이 어떤 경로를 거쳐 우리나라에까지 들어온 것인지는 몰라도 프러포즈에서 빠지지 않는 대표적인 선물이 바로 꽃이다. 예쁘고 좋은 것을 사랑하는 이에게 주고 싶은 마음과 로맨틱한 감성을 불러다 주는 꽃의 마력 때문이 아닐까?

　서울의 손꼽히는 데이트 명소에 매장이 있어서인지 〈가드너스 와이프〉를 찾는 연인이 참 많다. 특히 주말이면 손을 꼭 잡은 어여쁜 연인이 매장 앞에 진열된 화분을 함께 고르는 모습을 종종 볼 수 있다. 물론 센스 있는 남자분들은 미리 꽃다발을 주문해놓고 함께 구경하는 척하면서 깜짝 선물을 하기도 한다.

　특히 기억나는 한 커플이 있다. 군 휴가 중에 연인과 데이트를 하다 〈가드너스 와이프〉의 꽃다발을 건넨 것이 인연이 되어 종종 전화로 주문을 하던 청년이 있었다. 그 청년이 제대 후 3년 만에 직장인의 신분으로 다시 찾아왔었는데, 예의 바르고 순수한 모습의 그를 보며 많이 부족했지만 열정 가득했던 〈가드너스 와이프〉의 초창기 모습이 떠올라 마음이 뭉클했다. 지금도 이 손님은 매년 결혼기념일이면 엄청난 배송비를 물면서까지 서울에서 포천으로 꽃을 보내고 있고 우리는 배송비가 아깝지 않도록 최선을 다해 작품을 준비하고 있다.

그런가 하면 삼청동 주민으로 여자친구에게 꽃다발을 선물한 이래 프러포즈에 이어 웨딩 부케와 웨딩 카 장식까지 인연이 이어진 남자 손님은 결혼식장으로 가는 길에 매장에 들러 기념촬영을 하기도 했다. 이때부터 〈가드너스 와이프〉에서 꽃 선물을 주고받은 커플들이 결혼으로 골인하면 식전에 사진작가와 함께 매장에 들러 앨범에 들어갈 사진을 촬영하는 일이 많아졌다. 이런 장면을 볼 때마다 마치 우리가 이 커플의 결혼에 일조를 한 것처럼 뿌듯해지곤 한다.

그런데 결혼까지 골인하는 커플의 공통점이 하나 있다. 꽃을 주문할 때 남자분들이 직접 매장으로 오는 경우가 많다는 것. 여자친구의 성격, 평소 스타일, 좋아하는 색까지 이야기하는 모습에서 상대방을 진심으로 아끼고 사랑하는 마음이 느껴진다.

사실 데이트 도중에 즉흥적으로 찾아와 만들어진 꽃다발을 찾는 손님을 만날 때면 서로 계면쩍은 상황이 발생하곤 한다. 플로리스트로서 "저희는 미리 꽃다발을 만들어놓지 않아요. 고객의 취향에 맞춰 그때그때 작업을 하거든요. 그리고 작업하는 시간이 최소 10~20분 정도 걸리는데 괜찮은가요?"라고 물을 수밖에 없으니까.

늘 신선한 꽃을 준비하고 고객의 취향에 맞춰 스타일과 포장재까지 하나

하나 고심하여 완성한 꽃다발이 상대에게도 감동을 줄 수 있지 않을까? 또한 플로리스트인 나로서도 그래야 만드는 보람이 있고 만족할 수 있다. 그렇기에 나를 비롯한 〈가드너스 와이프〉 식구들은 플로리스트와 주문하는 사람, 그리고 받는 사람까지 모두 만족할 수 있는 작품을 만드는 것을 가장 중요하게 생각한다. 그리고 이 과정에서 손님과 플로리스트 사이에 형성되는 관계는 단순히 구매자와 판매자의 그것을 뛰어넘어 끈끈한 인간적인 유대감으로 이어지곤 한다.

꽃은 사랑의 묘약일 뿐만 아니라 새롭고 따뜻한 인연을 만들어주는 소중한 존재이기도 하다. 그리고 이 인연은 플로리스트가 꽃을 작업하는 데 있어서 무척이나 중요한 동기이자 에너지원이 된다.

© Hb Kim 안아더데이 스튜디오

CHAPTER 08

플로리스트
엄지영의 갤러리

플로리스트 엄지영

수강생들이 종종 〈가드너스 와이프〉만의 플라워 디자인은 어떻게 만들어졌는지, 〈가드너스 와이프〉만의 플라워 디자인 특징은 무엇인지 질문을 하곤 한다. 처음에는 이런 물음에 한참을 고민에 휩싸였다. 나만의 디자인이란 무엇일까? 그간의 작업들이 나만의 독창적인 창작물이라 할 수 있을까?

만일 같은 질문을 지금 받는다면 '끊임없이 새로운 디자인을 향한 노력'이라고 답할 것 같다. 현재의 포트폴리오를 보면 분명 나만의 스타일이 있다. 매장을 오픈했던 초기와 비교해도 디자인상에 꽤 많은 변화가 보인다. 물론 나는 좋아하지만 고객들이 선호하지 않는 스타일도 있고, 그 반대의 경우도 있다.

그러나 플라워숍 주인으로서 나의 만족만을 위해 작업할 수는 없다. 그런 의미에서 플라워스쿨은 현재 추구하는, 혹은 앞으로 시도하려는 플라워 디자인의 방향을 제시하면서 가끔은 트렌드라는 흐름에서 벗어나 내 생각을 한 자락쯤 펼쳐보일 수 있는 공간이다.

이 챕터에서 선보이는 작품들은 나의 스타일이 녹아든 〈가드너스 와이프〉 플라워스쿨 중·고급 과정의 주제를 보여준다.

블루에 흠뻑 빠진 날

블루 계열 색감의 꽃들은 우리나라에서 만족스럽게 접하기 어려운 종류다. 아네모네, 델피니움, 블루 수국, 한철만 나오는 용담 그리고 옥시 정도가 전부이기 때문이다. 그나마 이 꽃들도 출하 시기가 각기 달라서 원하는 만큼 사용하기도 쉽지 않다. 그래서 그동안의 아쉬움을 풀어보고자 갤러리의 첫 작품으로 '블루에 흠뻑 빠진 날'을 만들어보았다. 블루, 퍼플, 와인을 메인 색상으로 사용했고 들에서 바로 꽃을 꺾어 만든 듯 자유분방하고 자연스러움을 표현하는 데 주안점을 두었다. 꽃들도 일률적으로 보이지 않게 높낮이를 주고, 포장 역시 전형적인 스타일을 피하면서 리본 대신 라피아로 묶어 자연스러움을 더했다.

조선 백자와 작약의 운명적 만남

작약은 플로리스트가 사시사철 마음껏 써보고 싶은 꽃 중 늘 상위권을 차지하는 꽃이다. 하지만 국내산이 출하되는 4~5월을 제외하면 작약은 '너무 비싼 당신'이라 마음 놓고 매장에 들여놓기가 쉽지 않다. 비싸면서 까다롭고, 꽃도 오래가지 않는 애물단지 같은 님이랄까? 그럼에도 불구하고 한 송이만 두고 바라보기만 해도 좋은 아름다운 님이다.

그런 작약을 이번에는 아까워하지 않고 써보리라 마음먹었다. 갤러리에 소개되는 작품이니만큼 조금은 행복한 사치를 좀 부려보리라. 그런데 문제는 그다음이었다. 풍성하게 준비한 작약과 마음에 쏙 들게 어울리는 화기를 찾기가 쉽지 않았던 것. 며칠 동안 도매시장을 뒤졌지만 결국 허탕을 치고 말았다.

그러던 어느 날, 서운한 마음을 달래며 멍하니 앉아 있는데 책장에 놓인 도자기 한 점이 눈에 들어왔다. 시아버님께서 선물로 주셨던 조선 후기 백자였다. 아, 이거다! 고운 백색의 항아리에 담긴 색색의 작약이라니, 상상만으로도 흡족했다. 그래서 화이트, 핑크, 와인 세 가지 색상의 탐스러운 겹작약을 선택했다. 그리고 백자 항아리가 주는 동양적인 선을 살리기 위해 망개나무 열매를 부소재로 골랐다. 실제로 완성을 해두고 보니 마치 청렴한 선비와 품격 있는 여인의 운명적인 만남과 같은, 한 폭의 그림처럼 절묘한 조화를 만들어주었다.

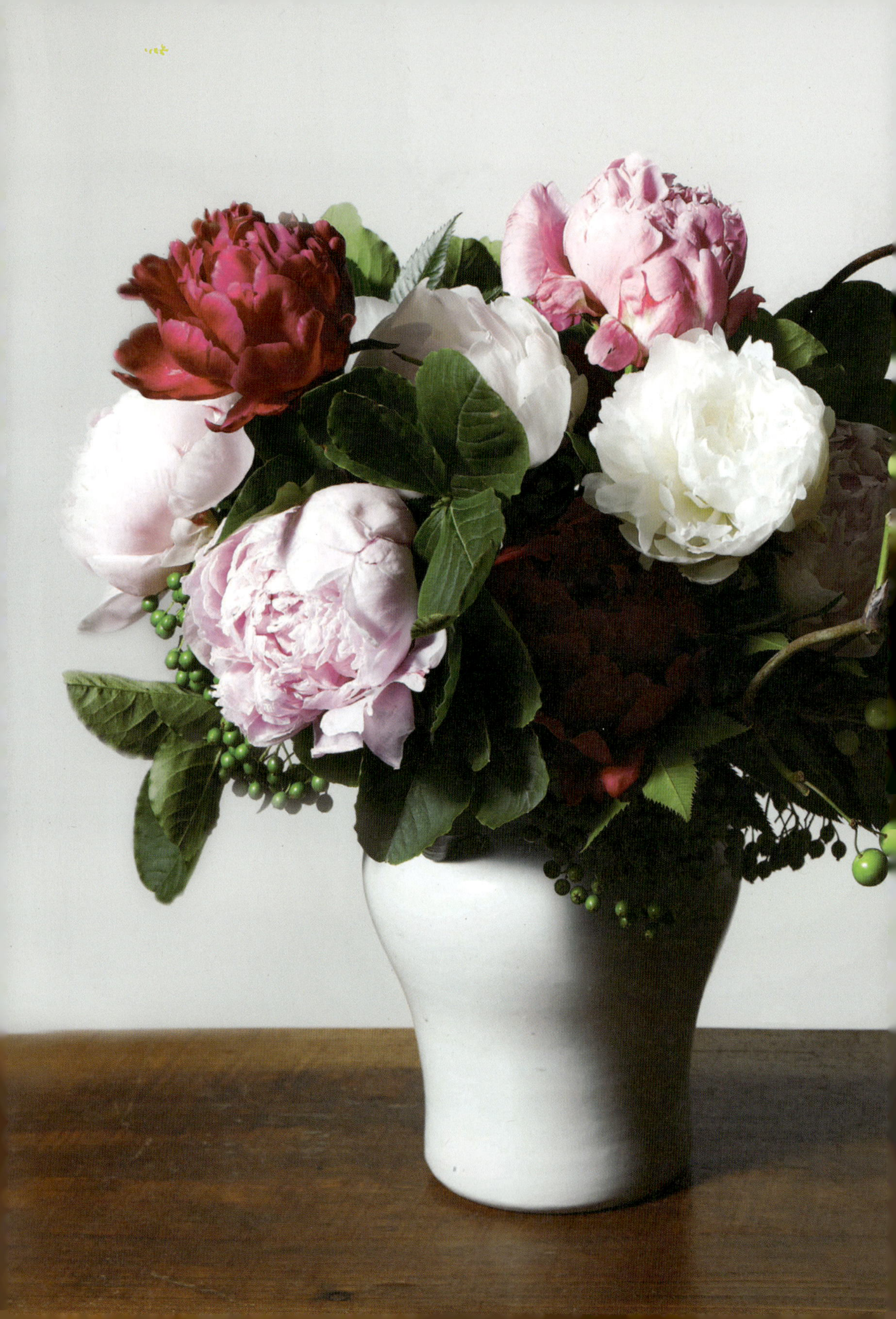

링오아시스와 키 큰 화병의 결합, 퍼플 옐로 센터피스

보통 센터피스는 파티 테이블이나 안내 데스크 같은 곳에서 장식 용도로 많이 사용된다. 센터피스를 만드는 데에는 플로랄 폼이나 화병 등을 이용하기도 하는데 그중에서 도넛처럼 생긴 플로랄 폼을 이용한 링오아시스는 그 자체로, 혹은 중앙의 빈 공간에 초를 넣어 장식하기도 한다. 한편 높은 유리 화병 역시 중요한 자리에서 시선을 끄는 센터피스로 많이 활용되는데 유리 화병 내부를 장식하기도 하고 화병꽂이를 하기도 한다.

이번 작품은 링오아시스와 키 큰 화병을 결합해보았다. 같은 용도로 사용되는 두 가지 아이템을 함께 쓰되 서로 조화를 이루도록 아래로 좁아지는 화병을 선택했고, 화병 안은 반다의 꽃송이와 그린 소재인 줄아이비를 넣어 단순하게 표현해보았다. 상황에 따라 유리 화병 위로 꽃을 풍성히 꽂아도 좋지만 이때는 두 개의 아이템이 서로 이질적으로 보이지 않도록 유의해야 한다.

새로운 소재로 탄생한 매력

가끔씩 꽃을 사는 고객은 다양한 컬러의 꽃을 만날 수 있는 〈가드너스 와이프〉가 매력적일 수 있다. 그러나 그 컬러의 홍수 속에 있는 나는 이따금 전혀 다른 컬러와 질감을 가진 소재로 작업하고 싶어진다. 그래서 이번 작품은 일반적인 꽃 소재로 주목받지 못하던 소재들을 전면에 내세운 동시에, 그들 간의 상호작용을 통해 고급스러우면서도 어두운 매력을 표현하는 데 초점을 맞추었다. 이를 위해 일반적으로 사용되는 꽃은 최소화하고, 꽃과 유사한 형상인 서로 다른 컬러의 다육식물 세 가지를 선택했다. 그리고 호박, 당귀, 풍선초 등을 사용해 가을 느낌이 가득하면서도 독특한 분위기를 연출해 보았다.

모던함을 강조한 레드 & 그린

이 작품에서는 모던한 플라워 디자인을 연출하기 위해 자잘한 느낌의 필러 플라워 사용을 자제하고, 선이 분명한 꽃과 소재 위주로 화기꽂이를 만들어 보았다. 이로 인해 자칫 단조로울 수 있는 부분을 보완하려고 글로리오사를 사용했다. 글로리오사를 작품의 적재적소에 배치해 마치 나비가 이리저리 꽃과 나무 사이를 날아다니는 것 같은 느낌을 연출하려고 했다. 작품을 제작하고 촬영한 직후 바로 판매되어 즐길 시간을 갖지 못해 아쉬움을 주었던 작품으로, 특히 기억에 남는다.

Merry Christmas!

원고를 준비한 지 1년 가까이 되어갈 즈음, 크리스마스가 다가오고 있었다. 갤러리의 마지막 작품은 크리스마스 분위기를 표현해보고 싶었다.

 크리스마스 시즌의 대표 색상인 레드와 그린을 이용하되 트리 대신 실내에 두고 오래 즐길 수 있는 디자인에 중점을 두었다. 그린 계열의 대형 테라코타 화분 안에 유리 화기를 넣어 화병꽂이 형태로 작업하여 소재들이 안정적으로 물을 공급받을 수 있도록 하였으며, 붉은색은 낙상홍의 열매를, 초록은 침엽수인 전나무, 활엽수인 태산목, 구름비나무 등을 사용했다.

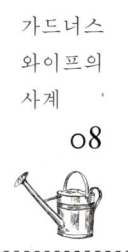

가드너스
와이프의
사계
08

florist eom says,
손님들과의 특별한 인연

플라워숍을 하면서 덤으로 얻는 게 있다면 사람이다. 대화를 통해 손님의 취향을 반영하는 과정에서 자연스럽게 친밀감이 생겨난다. 한 번 좋은 인연을 맺은 고객이 몇 년째 단골이 되는 경우가 많은 건 그런 이유에서이다.

〈가드너스 와이프〉의 경우 입지적 특성 때문인지 특별한 개성을 지닌 고객이 많은 편이다. 주변에 크고 작은 미술관이나 갤러리들이 자리하고 있어 작가들과 미술 애호가들의 발길이 끊이지 않는다. 그래서 우리 숍의 단골 리스트에는 화가, 조각가, 도예가, 무용가, 디자이너, 사진작가, 요리사 등 다양한 분야의 창작자들이 많다.

어느 가을 매장에 들어선 건장한 체격에 트렌치코트, 중절모를 걸친 신사도 그중 한 분이었다. 당시 그분은 백발을 뒤로 묶은 모습이나 부리부리한 눈매가 범상치 않았다. 매장에 전시된 꽃을 한참 살피더니 아네모네로만 만들어진 꽃다발을 일주일 후 삼청동의 한 갤러리로 보내달라 부탁하며 연락처를 남기고 사라졌다.

약속 당일 새벽 꽃 시장에 나가보니 아네모네 가격이 평소에 비해 30~40% 이상 내렸기에 숍에 돌아와 그 손님에게 연락을 했다. 주문받을 당시와 재료의 원가가 달라졌기 때문에 조정이 필요했다. 그러나 계속되는 시도에도 통화가 되지 않았고 고민 끝에 가격 인하 폭을 고려해 더 풍성한 꽃다발을 준비해서 보낸 후에 문자를 남겨두었다.

그로부터 일주일쯤 지났을까? 숍에 멋진 엽서 한 장이 도착했다. 그 손님이 직접 그린 그림과 글씨가 멋진 엽서로, 고맙다는 인사였다. 나중에 알고 보니 유명한 패션디자인회사의 전문 경영인으로 있다가 은퇴 후에 조각가의 삶을 사는 분이었다. 그리고 그 인연은 계속 이어져 양평에 있는 그분의 작업실에 초대받아 스태프들과 놀러가기도 했고 심지어 한 직원의 결혼식 주례까지 맡아 해주시기도 했다.

최근에 만난 또 다른 인연 하나. 호주에서 종종 주문하던 일러스트 작가가 있었는데 외국에 거주하는 관계로 메일로 주문을 하곤 했다. 아무래도 작가라서 그런지 꽃 선정이나 디자인 부분에 대한 의견을 많이 나누게 됐고, 메일로 주고받는 대화라 더 세세한 의견들이 오갔다. 멀리서 세심하게 주문하는 만큼 우리도 정성 들여 만들어보내곤 했다.

그러던 어느 날 키가 크고 스타일리시한 남성이 문을 열고 숍으로 들어왔는데 호주에서 주문하던 그 작가였다. 국내 전시차 귀국한 김에 들렀다면서 가방에서 무언가를 꺼내더니 "선물입니다"라며 건넸다. 그동안 늘 예쁘고 멋진 꽃을 준비해줘서 감사의 표시로 챙겨 왔다면서. 인사동 갤러리에서 전시 중인 그의 작품 중 하나로 꽃과 새 그리고 사슴 등을 그린 아름다운 일러스트였다.

전혀 예상치 못한 방문에 멋진 깜짝 선물까지. 선물이 너무 멋지기도 했지만 플로리스트의 정성을 바다 건너에서도 알아주었다는 사실에 참 기쁘고 따뜻했다. 그리고 이제는 종종 휴대폰 메시지로, 메일로 안부를 주고받을 만큼 그 인연의 끈을 이어가고 있다.

gardener kang says,

이 꽃들이 다 없어져도

사람들은 바쁘게 살다 보면 첫 마음을 잊고 지내기 쉽다. '초심初心'이라는 말을 자주 쓰는 것도 처음의 마음을 잃지 말자는 의지이자 당부가 아닐까? 꽃이 좋아 플라워숍을 오픈한 이들에게도 슬럼프는 예외 없이 찾아온다.

처음에는 고객을 응대하고 꽃과 식물을 판매하는 일이 마냥 즐겁다. 이따금 자신의 작품에 만족을 표하는 고객과 만나면 세상을 다 얻은 것 같다. 피로는 눈 녹듯 사라지고, 역시 선택을 잘했다며 스스로 대견해하기도 한다.

하지만 그렇게 1년을 보내고 2년째가 되면 그 즐거움은 예전만 못하고, 어느새 기계적으로 작업하고 있는 자신을 발견하게 된다. 그러면서 스스로 변명거리를 만든다. 어제의 고객과 오늘의 고객은 다르니 괜찮을 거라며. 이젠 꽃과 식물을 만나며 느꼈던 경이로움이나 경외감도 자취를 찾기 힘들다. 무덤덤해지고 무관심해진다. 3년째, 4년째, 5년째…… 매너리즘에 빠져 어제가 오늘 같고 내일도 오늘과 다를 바 없는 일상이 반복되는 것이다.

〈가드너스 와이프〉 식구들도 예외는 없는 법. 특히 성수기가 되어 정신없이 바빠지면 슬럼프가 찾아오곤 하는데, 슬럼프 바이러스는 전염성이 강해 금세 모두를 전염시켜버린다. 밀려드는 주문에 자기 할 일만 하는 데 급급해하고 있던 어느 날 전화벨이 울렸다. 외국에 있는 아들이 한국에 계신 어머니에게 생신 선물로 화병꽃이를 주문한 것이었다. 그것도 당일 배송으로.

한국과의 시차 때문에 생신이 이미 지난 걸 알게 된 아들이 급한 마음에 부탁하는 전화였다. 하필 그날따라 주문이 유난히 많았고 연락도 오후에 와서 배송차를 찾는 것마저 힘들어 주문을 받기가 힘든 상황이었다. 하지만 한참 고민하던 아내가 "어머님 생신도 지났는데 내일 전하면 더 의미가 없을 것 같아"라며 좀 더 힘을 내보겠다고 말했다. 정성을 다해 만든 화병꽃이는 다행히 마지막 배송차를 잡아 이른 저녁 무렵 무사히 배달되었다.

안도의 한숨을 돌린 다음 날, 주문한 분으로부터 메일이 도착했다. 급한 주문임에도 빠르게 보내줘서 정말 고맙다는 내용이었다. 그리고 다시 며칠 뒤 그분으로부터 다시 한 번 다음과 같은 메일이 도착했다. 꽃을 받으신 어머니가 아들에게 보낸 메일을 우리에게 감사의 표시로 보내주신 것이었다.

"엄마에게 정말 멋진 꽃을 보내주어 고맙게 보고 있다. 너희의 마음이 담긴 것이라 생각하고 정말 기쁘게 바라본다. 3일이 지났는데도 꽃들은 계속 커지고 싱싱함을 조금도 잃지 않았다. 튤립, 아네모네, 장미, 옅은 녹두빛깔 수국 뭉치 그리고 이름을 알지 못하는 앙증맞게 작은 흰 꽃부터 분홍, 보라 등 일곱 가지가 넘는 꽃들이 엄마가 좋아하는 유칼리 잎 등과 어우러지면서 정말 멋진 꽃다발이 되었다. 심플한 유리병에 가지런히 꽂혀 있어 아마 이 꽃들이 다 없어져도 다시 꽃으로 채우고 싶은 마음이 들 것 같구나……."

메일을 읽던 〈가드너스 와이프〉의 식구들은 마지막 문장에 그만 가슴이 먹먹해졌다. 이국에 있는 아들이 어머니를 위해 고심 끝에 꽃을 선물로 골랐지만 시차로 인해 늦어버린 상황. 게다가 직접 전하지 못하는 안타까움에 무리하게 부탁한 배송 주문. 아들의 그런 마음을 헤아려 정성스레 꽃을 준비한 플로리스트와 그 마음을 알아준 어머니까지. 이 모든 마음과 마음이 깊이 녹아 든 마지막 문장이 우리 마음을 뜨겁게 했다.

꽃을 하길 잘했다.
정말 잘했다.

Part 3
강세종의 가드닝스쿨

CHAPTER 09

플라워숍에서
만나는 식물들

가드너 강세종

플라워숍을 운영하려면 식물 지식은 필수

〈가드너스 와이프〉를 오픈했을 때 플라워스쿨과 가드닝스쿨 수강생의 비중이 8:2 정도였다면 10년이 지난 지금은 거의 5:5가 되었을 정도로 가드닝스쿨 수강생이 크게 늘었다. 절화를 주로 다루는 플로리스트들도 이제는 식물을 이해하면 더 다양한 소재를 이용할 수 있다는 생각이 일반화된 데다, 생화의 비중을 줄이고 식물에 보다 초점을 맞춰서 숍을 운영하는 이들이 많아졌다. 식물과 인테리어를 결합한 플랜테리어Planterior라는 용어가 심심치 않게 들려오기도 하고, 뛰어난 감각을 자랑하는 가드닝숍과 가드닝카페의 출현도 이와 무관하지 않을 것이다.

최근 들어 조경 전공자들이 플라워숍 창업에 뛰어드는 경우도 늘어나서 이제 플라워숍 오너들이 경쟁력을 갖추려면 플라워 디자인뿐만 아니라 원예 및 조경까지도 섭렵해야 하는 시대가 도래했다. Part 3에서는 실전 가드닝스쿨로 들어가기 전에 플라워숍에서 만나게 되는 식물들에 대한 기본적인 지식과 함께 플라워숍 운영 시 필수적으로 알아야 하는 식물들을 소개한다.

녹색의 즐거움, 잎보기 식물

관엽식물觀葉植物이라고 하는 잎보기 식물은 일반적으로 열대 또는 아열대 원산의 식물로 꽃이나 열매보다 잎을 즐기는 식물을 의미한다. 작게는 아이비에서부터 크게는 고무나무 종류, 최근 들어 다시 인기를 끌고 있는 박쥐란 같은 고사리과 식물들, 그리고 식충식물과 같은 특이한 형태의 식물에 이르기까지 다양한 품종의 해외 원산의 잎보기 식물들이 널리 보급되어 있다.

 잎보기 식물은 원산지의 환경이 우리가 생활하는 실내 환경과 유사하다 보니 실내 인테리어에서 중요한 부분을 차지하게 되었다. 그 기능을 중히 여기는 이들은 특별한 기능이 있다고 알려진 식물들을 찾아 실내공간별로 특성에 맞게 배치시키고 키우는 경향도 있다. 그런데 16년 넘게 식물을 다루는 일을 하다 보니 놀라운 현상을 발견하게 되는데, 마치 패션과 마찬가지로 잎보기 식물에 대한 선호도 역시 돌고 돈다는 것이다. 특히 2015년 이후 10여 년 전에 인기를 끌던 야자류 식물들이나 박쥐란 같은 고사리과 식물들이 다시 주목을 받고 있는 점이 그러하다. 차이가 있다면 과거에는 특정 식물로 인기가 집중되는 쏠림 현상이 있었던 데 비해 최근에는 주목을 받는 식물과 다른 식물이 함께 공존하는 현상이 발견되는데 이는 전반적인 가드닝 문화가 성숙되고 있다는 반증이 아닐까 싶다.

 그럼 대표적인 잎보기 식물들에는 어떤 것들이 있을까? 식물을 분류하는 여러 가지 학문적인 방법이 있지만, 여기서는 알기 쉽게 눈에 보이는 그대로 '잎'의 모양, 색상, 크기 등을 비교해 설명해보고자 한다.

잎 모양으로 비교해본 잎보기 식물

(프)테리스 Ptreis cretica 'Albolineata'
고사리류 중 특이하게 무늬가 있다.

녹보수 Radermachera sinica
능소화과로 두릅나무과의 해피트리와는 엄연히 다른 식물이다.

하트펀 Hemionitis arifolia
고사리류 식물로 하트모양의 잎이 특징.

줄리아페페 Peperomia puteolata
페페로미아속 식물로 표면에 거친 질감이 있다.

미니홍콩 Schefflera arboricola 'HongKong'
'홍콩야자'라고도 불리지만 야자과 식물은 아니다.

아이비 Hedera helix
다양한 색상과 모양의 변종이 있다.

팔손이 Fatsia japonica
자생식물로 음지에서도 잘 자란다.

알로카시아 아마조니카 Alocasia amazonica
잎 모양 때문에 '거북등 알로카시아'라고도 불린다.

잎 색으로 비교해본 잎보기 식물

드래곤Dieffenbachia dragon
붉은 줄무늬를 갖고 있는 디펜바키아속 식물.

아이치아카Cordyline fruticosa 'Aichiaka'
드라세나속으로 오인되는데
실은 코르딜리네속 식물.

무늬인도고무나무Ficus elastica 'Variegata'
인도고무나무의 무늬종.

바나나크로톤Codiaeum variegatum 'Banana'
크로톤 중 특이한 잎 모양 때문에 '트위스트 크로톤'으로도 불린다.

벵갈고무나무 Ficus benghalensis 'Variegata'
햇빛을 받으면 잎 색이 더욱 예뻐지는
인도 출신의 고무나무.

황금마삭줄 Trachelospermum asiaticum
햇빛을 충분히 보면
새잎이 황금색을 띠는 자생식물.

행운목 Dracaena fragrans 'Massangeana'
보통 노란 줄무늬가 들어가 있는 맛상게아나를 '행운목'이라 부른다.

호야 Hoya carnosa
실내에서 무난히 기를 수 있는 다육성 넝쿨식물.

잎 크기로 비교해 본 잎보기 식물

피커스 움베라타 Ficus umbellata
뽕나무과로 햇빛을 좋아하며 음이온 발생량이 높다.

박쥐란 Platycerium bifurcatum
이름에 '란'이 붙었지만
실제로는 사슴뿔 형태의 잎을 가진 착생 고사리류.

신홀리페페 Peperomia obtusifolia
올망졸망한 동그란 잎이 매력적인 페페로미아속 넝쿨식물.

타라 Pilea glauca
푸른 기운이 도는 작은 잎을 갖고 있는 넝쿨식물.

남천 Mahonia japonica
봄에는 흰 꽃,
가을에는 단풍과 열매가 매력적인 관목.

떡갈잎 고무나무 Ficus lyrata
떡갈나무와 유사한 큰 잎을 갖고 있는 고무나무.

활짝 핀 꽃의 아름다움, 꽃보기 식물

꽃이 피지 않는 식물은 거의 없다. 앞에서 잎보기 식물로 분류된 식물들도 꽃을 피운다. 단지 꽃을 보기가 어렵거나, 꽃이 잎보다 매력적이지 않거나, 꽃이 오래가지 않는 등의 이유로 다르게 분류한 것뿐이다. 따라서 여기서 소개하는 꽃보기 식물이란 꽃이 상대적으로 오랫동안 피고 아름다워 꽃을 보기 위해 선택하는 식물을 의미한다.

최근에는 시설 재배를 통해 품종의 원래 개화 시기에 상관없이 수시로 다양한 꽃보기 식물을 만나볼 수 있다. 게다가 개화 기간이 더 길어진 신품종들도 출시되고 있어서 아름다운 꽃이 핀 화분을 더 오래 즐길 수 있게 되었다. 대표적인 실내 꽃보기 식물로는 시클라멘, 쿠페아, 제라늄, 재스민, 수국, 국화, 포인세티아, 아프리칸 바이올렛, 익소라 등이 있고, 카랑코에[칼란디바] 등 꽃의 크기는 작지만 화려한 색상의 꽃을 피우는 다육식물들도 넓은 범위에서 실내 꽃보기 식물로 분류한다.

타라.
잎보기 식물이지만 귀여운 꽃이 핀다.

- 아기별꽃 Stellaria media 봄이면 자그마한 꽃을 피워낸다. 물이 마르지 않도록 하고 여름철 고온에 유의한다.
- 쿠페아 Cuphea hyssopifolia 남미 원산의 식물로 오밀조밀한 보라색 꽃이 특징. 햇빛이 충분하면 봄부터 가을까지 내내 꽃을 볼 수 있다.
- 수국 Hydrangea macrophylla 물을 좋아하는 수국은 건강하게 자라고 꽃눈을 만들기 위해서는 실내보다는 실외가 적합하다. 중부지방의 경우 겨울에는 월동을 위한 조치가 필요하다.
- 페라고늄 랜디 Angel Pelargonium randy 충분한 빛을 주면 계속해서 꽃을 피우기 때문에 화단 및 걸이분용으로 많이 사용한다.
- 국화 Chrysanthemum morifolium 대표적인 다년생초화류로 다양한 크기와 색상의 품종이 나와 있다. 최근에는 미니국화도 출시되고 있다.

그런데 이런 꽃보기 식물들은 구입할 때는 예쁜 꽃이 있어 좋았는데, 시간이 지남에 따라 꽃이 떨어지고 잎만 남더니 결국 죽어서 실망했다는 얘기를 듣곤 한다.

사실 꽃이란 늘 볼 수 있는 것이 아니기에 소중한 것이고, 절화에 비해서 몇 배 더 긴 기간 동안 즐길 수 있음에도, 꽃이 핀 식물을 많이 키워보지 않아 관리에 익숙하지 않은 이들은 꽃이 피어 있는 동안 꽃이 제공해주는 행복감 자체를 즐기기보다는 꽃이 진 후의 번거로움이 싫은 것이다. 어떤 꽃집 주인들은 꽃이 진 식물이 죽어야 다시 화분을 사러 꽃집에 오지 않겠느냐고 얘기하곤 하는데, 나 역시 꽃집 주인이지만 이 생각에 동의하기가 힘들다.

처음 들인 식물이 죽어나가는 걸 경험하고 상처를 입은 이들은 다시는 꽃

1	2	3
4	5	

↓
꽃보기 식물

1 아기별꽃
2 쿠페아
3 수국
4 페라고늄 랜디
5 국화

플라워숍에서 만나는 식물들

식물을 들이지 말아야겠다고 생각하게 된다. 이는 20년 전쯤 처음 식물을 실내로 들였던 나 역시 마찬가지였다. 능력도 안 되면서 서로 성격이 다른 꽃식물을 너무 많이 실내로 들인 결과, 몇 달 후에는 대부분 쓰레기통으로 직행했고, 이후 약 수개월간 꽃 식물을 가까이 하지 않았다.

플라워숍에서 화분을 구입하는 사람들에게 꽃을 오래 즐기고 다시 볼 수 있는 방법을 안내하는 관리법을 제공하면 어떨까? 구입한 화분의 꽃이 진 다음 실망하는 대신, 영양분이 많은 흙으로 분갈이를 하고 그 식물에 맞는 환경을 갖춰준 후 정성을 기울이면 몇 개월 내, 혹은 다음 해에 다시 올라오는 꽃대를 발견하는 기쁨을 경험할 수 있다. 그리고 이런 희열의 순간을 경험하면 식물에 대한 애정도 자라나 계속 식물을 키우는 취미를 갖게 되고, 매년 봄이면 플라워숍을 찾는 원동력이 될 것이다.

번식과 단풍을 즐기는 다육식물

다육식물이란 잎이나 줄기에 수분과 양분을 저장하는 육질이 많은 식물로 주로 사막이나 고산지대에서 자라는, 햇빛이 충분하고 건조한 환경에 잘 적응한 식물을 말한다. 넓은 의미에서는 잎이 가시로 변한 선인장도 다육질 줄기를 가진 다육식물로 본다.

예전에는 잎보기 식물에 비해 성장이 빠르지 않아서 키우는 재미가 덜하다는 인식이 있었다. 하지만 일교차가 커지는 가을이 되면 예쁘게 물이 들고 겨울에는 물과 온도 관리만 잘해주면 매년 멋진 꽃을 볼 수 있는 데다 잎꽂이

스페인 주택의 테라스가 다육식물로 멋지게 꾸며져 있다.

나 꺾꽂이를 통한 번식과 나눔의 즐거움도 크다 보니 최근 '국민 다육'이라 부를 정도로 인기를 끄는 종류들이 등장하며 많은 사랑을 받고 있다.

- 벨루스 Tacitus bellus 멕시코 원산으로 여름에 피는 화려한 꽃으로 유명하다.
- 라일락 Echeveria Perle von Nurnberg 보랏빛을 띠는 잎 색 때문에 라일락이라는 별명이 있다.
- 용신목 Myrtillocactus geometrizans 성장하면서 나오는 가지가 팔 벌린 사람을 닮은 선인장.
- 청솔 Sedum corynephyllum 남아프리카공화국 출신의 세덤속 다육이다.
- 흑법사 Aeonium arboreum var. atropurpureum 매끈한 블랙의 잎 색이 매력적인 카나리아제도 출신 다육.

그런데 큰 인기를 모으면서 다육식물들이 성장하기 힘든 환경에 함부로 내던져지는 일도 늘어나고 있다. 다육식물에 대한 제대로 된 이해 없이 기능에만 주목해 배수도 되지 않는 화기에 담아 햇빛이 거의 들지 않는 침실에 두는 사태까지 벌어지는 것이다. 이는 다육식물들이 물을 별로 좋아하지 않고 밤에 산소를 배출하는 CAM Crassulacean acid metabolism (밤에 이산화탄소를 흡수했다가 낮에 광합성을 통해 에너지원인 탄수화물을 만들어내는 것)식물이라는 특징에만 집중해서 생기는 일이다.

가드닝스쿨 수강생 중 한 분은 다육식물의 성장에 적합한 환경에 대해 자세히 배우게 된 후, 배수가 되지 않는 화기에 합식된 다육식물을 공기 정화를

1	2	3
4	5	

1 벨루스
2 라일락
3 용신목
4 청솔
5 흑법사

다육식물

플라워숍에서 만나는 식물들

위해 침실에 두라고 지인들에게 선물했던 것을 크게 후회했다고 한다. 예전에 다육식물을 구입한 플라워숍에서 가르쳐준 대로 물을 조금만 줬는데 키만 웃자라고 모양이 망가지다가 결국 모두 죽어버린 이유를 그제야 알게 된 것이었다.

다육식물이 밤에 이산화탄소를 흡수하고 산소를 배출하는 것은 맞지만, 하루 종일 햇빛도 제대로 들지 않고 통풍도 안 되는 침실에서 얼마나 버틸 수 있을까? 이는 다육식물의 기능만 생각하고 그들이 잘 자랄 수 있는 환경을 만들어주지 않은 사람들의 욕심에서 비롯된 것이다. 다육식물, 선인장은 충분한 햇빛과 건조한 환경을 좋아하기에 실내공간에서는 햇빛이 잘 드는 창가 정도가 최소한의 필요조건이라 할 수 있다.

가장 진화한 존재, 난초

난(蘭)을 처음 접했을 때 궁금한 것이 있었다. 소위 동양란, 서양란이라고 불리는 식물의 원산지를 보면 많은 수가 동양에서 나오는 것들인데 왜 동양란, 서양란으로 구분해서 부르는가 하는 것이었다. 이는 〈가드너스 와이프〉를 찾는 사람들도 마찬가지인 것 같다. 특히 요즘엔 동양란인지 서양란인지 구분하기도 애매한 신품종들도 출시되고 있는 데다, 〈가드너스 와이프〉에서는 그나마 일반적인 동양란 화분도 잘 사용하지 않다 보니 더욱더 혼란스러운 것 같다.

사실 난은 외떡잎식물 중 가장 진화한 존재이며 2만여 종 이상 되는 식물로, 단 몇 줄로 설명하기에는 무리가 있다. 그래도 이해하기 쉽게 정리해보면 난은 크게 심비디움, 카틀레야, 덴드로비움, 에피덴드룸, 팔레놉시스, 반다, 파피오페딜룸, 온시디움, 밀토니아속 등으로 나뉜다. 이중 심비디움속 중에서 주로 한·중·일 3국의 온대지방에서 자라는, 크기가 조금 작고 향기가 있는 난(대표적으로 미니 심비디움)을 일반적으로 동양란이라고 한다. 반면 동양란과 대칭 개념인 서양란은 아열대산 또는 열대산 난으로 보면 거의 틀리지 않다.

난은 땅속에 뿌리를 내리고 사는 종류(지생란)와 나무나 바위에 붙어 사는 종류(착생란)로 나뉘는데, 대부분의 동양란들은 땅에 뿌리를 내리고 산다. 한편 미니 심비디움으로 불리는 온대성 난 외에 풍란이나 석곡 같은 착생란들도 동양란의 범주에 포함된다.

결론적으로 미니 심비디움과 일부 착생란을 제외한 난들은 꽃이 크고 화려한 색상을 가지고 있다 보니 일반적으로 지칭하는—고정관념일 수도 있겠지만—동양적인 것과 대비되는 서양적인 분위기라는 의미에서 '서양란'이라 불리게 되었다. 그중 실제 원산지가 서양인 것도 있지만 그렇지 않은 것들은 동양이 원산지임에도 주로 유럽 등지에서 개량이 되었다 보니 그런 이름을 갖게 된 듯하다.

그리고 서양란은 원산지의 고온다습한 환경을 실내에서 맞춰주기가 쉽지 않아서 키우기가 만만치 않고, 빛이 부족한 경우 꽃을 보기가 힘든 품종도 있다. 그중 잎이 나비를 닮아 호접란이라 불리는 팔레놉시스는 빛이 잘 들고 겨울철에 최소 15도 이상으로 유지할 수 있는 환경에서, 저온성 파피오페딜룸은 10도 이상 유지할 수 있으면 비교적 키우기 쉽고 꽃도 잘 피는 편이다.

- **팔레놉시스**Phalaenopsis 호접란. 꽃의 수명이 길고 관리도 비교적 쉬운 편으로 국내에서 서양란으로 많이 불리는 종류다.
- **덴드로비움**Dendrobium 품종이 수천 가지에 이르는 만큼 꽃의 크기와 색상도 다양하다.
- **에피덴드룸**Epidendrum 새의 날개처럼 생긴 꽃이 아래쪽부터 피는데, 작고 선명한 색상의 꽃이 특징이다.
- **카틀레야**Cattleya 열대 아메리카 원산으로 다른 난에 비해 꽃의 수는 적지만 단단한 몸체와 고급스러운 꽃을 가지고 있고 은은한 향기를 내뿜는 품종도 있다.

1 파피오페딜룸
2 팔레놉시스
3 덴드로비움
4 에피덴드룸
5 카틀레야

난초

식물을 오래 키운 이들은 난의 아름다움과 키우는 재미를 최고로 친다. 키우기 어렵기는 하지만 그만큼 정성과 인내를 통해 피우는 꽃의 매력이 아주 크기 때문일 것이다.

키친 가든의 주인공, 허브

허브는 사전적 의미로 잎과 줄기가 식용 및 약용으로 사용되는, 향기가 있는 식물을 말한다. 일반적으로 허브라고 하면 서양에서 들여온 로즈마리, 라벤더, 장미 허브, 민트류, 바질 등만을 생각하지만, 우리가 주위에서 쉽게 만날 수 있는 쑥, 깻잎 등도 허브에 속한다.

허브는 키친 가든의 주요 식물로 샐러드, 향료 등의 식재료, 허브티의 재료로 사용될 뿐만 아니라 아로마테라피의 원료 등 다양한 용도로 활용되고 있다. 실제로 인근 카페와 레스토랑에서는 〈가드너스 와이프〉가 파종부터 재배까지 직접 해서 안심하고 식용할 수 있는 바질, 고수, 딜, 민트, 루꼴라 화분 등을 구매하여 식재료로 직접 활용하는 경우도 많다.

- 스피아민트 Menthas spicata 민트류는 성장과 번식이 빠르지만 우리나라의 무덥고 습한 여름에 취약하다.
- 프렌치 라벤더 Lavendula stoechas L. 보라색 꽃이 매력적인 허브이다.
- 스위트 바질 Ocimum basilicum 이태리 요리의 주된 재료인데 사람뿐만 아니라 벌레들도 좋아한다.
- 장미 허브 Plectranthus tomentosa 다육질의 잎을 가지고 있고 실내에서도 무난히 키울 수 있다.
- 로즈마리 Rosmarinus officinalis 비교적 키우기 용이하며 관목처럼 성장하고 모양 만들기도 쉽다.

1 스피아민트
2 프렌치 라벤더
3 스위트 바질
4 장미 허브
5 로즈마리

허브

그런데 지중해성 및 아열대 기후에서 자라는 허브의 대부분은 햇빛, 배수, 통풍의 3대 요소가 갖춰져야 건강하게 잘 자라고, 겨울에 월동을 위해 신경 쓸 부분도 많기 때문에 가정에서 키우기가 결코 만만치 않다. 그럼에도 그동안 각종 매스컴에서 마치 봄만 되면 가정에서 키우면 좋을 식물처럼 다루어 왔고, 일부 플라워숍에서 작은 바스켓에 성격이 다른 여러 종류의 허브를 함께 심어서 판매하는 용감한 모습을 보여주기도 했다(다행히 최근에는 그 빈도가 다소 줄어든 듯하다).

어쨌든 허브는 현대화된 실내 환경에서 자라기에는 적합하지 않은 관계로 최근에는 그 관심이 예전보다 덜하다. 대부분의 허브들이 우리나라의 덥고 습한 여름을 싫어하고 쉽게 모양이 망가져서 그나마 봄에 반짝 인기를 끄는 편이다. 하지만 최근 들어서는 식재료로 이용 가능한 로즈마리, 바질, 애플민트, 스피아민트, 루꼴라, 스테비아, 고수, 딜 등을 필두로 점차 인기를 회복 중이다.

특정 계절에만 볼 수 있는 알뿌리식물

알뿌리식물은 일반적인 식물과 달리 꽃이 지면 토양 속에서 겨울을 나면서 에너지를 축적한 후 다음 해에 다시 잎과 꽃을 올린다. 봄부터 여름까지 자라면서 여름철에 꽃이 피는 열대 원산의 알뿌리식물로는 글라디올러스, 달리아, 아마릴리스, 칼라가, 가을에 심어 봄에 꽃이 피는 온대 원산의 알뿌리식물로는 라넌큘러스, 아네모네, 알리움, 튤립, 프리지어, 히아신스 등이 있다.

윗줄 왼쪽은 미니수선화, 그 오른쪽과 중앙은 크로커스, 아랫줄 왼쪽은 무스카리이고 그 오른쪽은 히아신스다.

절화로도 많이 이용되는 알뿌리식물들은 그 특성상 꽃이 진 후 지상부가 모두 사라지고 흙 속에서 휴면해야 하기 때문에 절화 시장에서도 늦겨울부터 봄 사이에만 만날 수 있다. 특히 위에서 언급한 온대 원산의 알뿌리식물들이 그러한데, 시설재배를 통해 실제 자연환경에서보다는 다소 빠른 늦겨울에 시장에 출하되기 시작해서 4월 이후에는 찾아보기가 쉽지 않다.

알뿌리식물이 꽃과 잎을 모두 떨어뜨리고 나면 다음 해를 기약하며 흙에서 캐내 양파 망에 넣어 통풍이 잘 되는 곳에 보관하다, 저온 처리를 위해 냉장 보관 후 다시 심는 경우도 드물게 볼 수 있다. 하지만 사실 일반 가정에서는 번거로운 일이다. 나 역시 원예에 관심을 기울이던 초기, 냉장고 야채칸에 넣어놓은 알뿌리들을 까맣게 잊고 있다가 결국 쓰레기통에 버린 적이 있고 알뿌리에 뿌리파리가 꼬여 골치가 아팠던 적도 있다.

그래서 알뿌리식물을 다음 해에 다시 보기 위한 방법을 묻는 분들이 원예 초심자이거나(처음부터 난이도가 높아 의욕을 잃을까 봐) 적합한 환경 요건을 갖추고 있지 못하다면, 늦겨울부터 꽃대를 달고 출하되는 알뿌리식물을 즐길 만큼 즐긴 후에는 잊어버리라고 권하는 편이다.

어찌 보면 화려하고 다채로운 색감의 꽃을 가진 알뿌리식물들은 분화든 절화든 1년 중 한정적인 기간에만 만나볼 수 있고, 가정에서 직접 키워서 그 꽃을 보기까지는 인고의 세월을 필요로 하다 보니 더욱더 애정이 깃드는 게 아닌가 싶다.

틸란시아와 행잉식물

틸란시아Tillandsia를 처음 만난 건 20여 년 전 일본에서였다. 그로테스크한 모습 그리고 유려한 라인에 흠뻑 빠졌다. 그중 가장 눈에 들어왔던 식물이 틸란시아 세로그라피카Tillandsia xerographica라는 걸 나중에 알게 되었고, 〈가드너스 와이프〉 플라워숍을 오픈한 2007년 여기저기서 수소문해 구한 다양한 틸란시아를 매장에서 판매하기 시작했다. 그러나 기대와 달리 결과는 처참한 실패였다. 사람들은 신기해하기는 했지만 전혀 알지 못하는 고가의 식물을 구매하는 데 주저했다. 하지만 그로부터 10년이 지난 지금 틸란시아속 식물들은 테라리움의 형태로, 혹은 행잉화분의 형태로 많은 가정이나 매장에서 어렵지 않게 찾을 수 있게 되었다.

틸란시아속 식물들이 먼지를 먹는다는 둥 햇빛과 물이 없어도 자란다는 둥 '산세베리아의 음이온'만큼이나 과장되거나 왜곡된 이야기가 돌고 있긴 하지만 어쨌든 개인적으로 좋아하는 식물이 대중의 사랑을 받고 있다는 건 기쁜 일이다.

아나나스류로 분류되는 틸란시아는 중남미 아열대지대나 건조지대 등 비교적 광범위한 지역에서 자라는, 나무나 돌에 붙어 사는 착생식물이다. 가드닝스쿨 시간에 늘 강조하는 부분이지만, 땅에 사는 지생식물과 달리 착생식물은 건조에 강하고 햇빛을 상대적으로 더 좋아하는 경향이 있다. 이런 특징 덕분에 틸란시아는 가정이나 상업공간에 행잉화분의 형태로 많이 활용되고 있다.

하지만 일반적인 식물과 달리 틸란시아속 식물들은 같은 속Genus 임에도

불구하고 아열대 지방 중 비가 많은 곳과 그렇지 않은 곳 그리고 고산지대 출신들은 각기 확연히 다른 성격을 띄고 있기 때문에 같은 기준으로 키우게 되면 고가의 틸란시아가 무름병에 걸려 죽거나 반대로 물이 부족해 말라 죽는 일이 벌어질 수도 있다. 본인이 구매하는 틸란시아 종의 특징을 충분히 조사하고 전문가의 조언을 구한 다음 키우기를 권한다. 틸란시아를 이용한 연출의 예는 아래 사진을 참조하기 바란다.

한편, 틸란시아와 함께 주목받고 있는 행잉식물로는, 박쥐란 Platycerium, 디시디아 Dischidia, 리코포디움 Lycopodium, 립살리스 Rhipsalis 등이 있다. 이들은 걸이화분 혹은 이끼볼의 형태 등 다양한 연출이 가능한데 틸란시아와 마찬가지로 착생식물의 성격 덕분에 빛을 비교적 좋아하고 건조에 강하다 보니 다소 무심히 관리해도 잘 버텨내는 속성을 갖고 있다.

노지 월동 가능한 조경수와 다년초

최근 들어 생긴 변화 중 하나로, 조경에 대한 기본 상식 및 경험을 갖추고 있는 이들이 플라워숍을 창업하는 경우가 늘어나면서 그동안 전문 조경업체에서 다루던 실외 월동 가능한 조경수나 초본들을 일반 플라워숍에서 어렵지 않게 찾을 수 있다. 특히 월동 걱정 없이 외부에 두고 키울 수 있고 관리가 용이한 외부 식물을 찾는 수요가 늘고 있는데 이는 외부 조경에 신경 쓴 공간들이 늘어난 것, 그리고 테라스 아파트의 등장과 옥상정원을 갖춘 신축 주택들의 공급이 이유라고 볼 수 있다.

플라워숍 오너 입장에서는 생화나 실내 식물을 익히고 다루기도 벅찬 상황에서 또 다른 광범위한 분야인 실외 식물의 특성, 화아분화, 가지치기까지 익혀야 하게 되었으니 큰 스트레스가 될지도 모르겠다. 하지만 플라워숍을 1, 2년 할 게 아니라면 조경 식재에 대한 이해는 경쟁력을 높여주는 기회가 될 것이다.

외부 전시공간이 있는 플라워숍에서 다루는 대표적인 외부 식물은, 워낙 다양한 종류들이 있지만 목본 위주로 소개해보면, 조팝나무, 남천, 수국, 목수국, 불두화, 스카이로켓, 블루엔젤 등 각종 향나무류, 병꽃나무, 주목, 가문비나무, 장미, 라일락 등이 있다.

수년간 조경 관리를 하고 있는 고택에 식재한 불두화.

청량감이 매력적인 수생식물

피부라도 태울 듯한 강한 햇살과 푹푹 찌는 삼복더위로 여름에는 봄 한철 동안 점포 앞에 여러 가지 식물을 예쁘게 내어놓고 사람들의 시선을 끌던 플라워숍들도 땡볕을 피해 일부 꽃보기 식물이나 다육식물을 제외한 대부분의 식물을 실내로 들이게 된다. 이때 이 빈자리를 채우는 식물이 여름 한철 청량감을 주는 수생식물들이다.

물에서 사는 수생식물들은 뿌리가 물속에 떠 있는 부생식물, 잎과 꽃은 물 위에 떠 있지만 뿌리는 바닥에 있는 부엽식물, 뿌리는 물속에 있지만 물 위로 줄기를 길게 뻗어 자라는 정수挺水식물, 그리고 습한 환경을 좋아하는 습지식물로 크게 나눌 수 있다.

왼쪽은 수명은 짧지만 꽃이 아름답고 물을 정화시키는 부레옥잠. 오른쪽은 물 빠진 인공연못에 수련의 잎들이 바닥으로 가라앉아 있는 모습으로 부엽식물(잎만 물 위에 뜨고 뿌리가 흙 속에 있는)의 특징을 잘 보여주고 있다.

실제로 부레옥잠, 물상추 같은 부생식물과 수련, 물양귀비, 마름, 연과 같은 부엽식물, 그리고 파피루스, 부채전초[워터코인], 벗풀, 해오라비난초, 골풀, 종려방동산이, 석창포, 물칸나 같은 습지식물들은 한여름에 많은 인기를 끌곤 한다.

개별 화분으로도 나름의 매력이 있지만, 높낮이가 다른 습지식물들을 합식해도 멋진 분위기를 연출할 수 있다. 수생식물을 키울 때는 민달팽이 등의 해충이 발생할 수 있다는 점을 유의해야 하고, 다른 식물들에 비해 겨울철 관리가 쉽지 않기 때문에 여름, 가을 동안만 즐긴다고 생각하는 게 좋다.

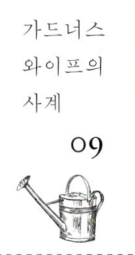

gardener kang says,

식물과의 정 떼기

플라워숍의 성공은 재고 관리에 달려 있다고 해도 과언이 아니다. 판매되지 못한 생화 재고는 눈물을 머금고 과감히 잘라서 버리게 되지만, 장기간 주인을 만나지 못한 식물은 애매한 상황에 놓인다. 사실 재고 식물을 숍에 그대로 두면 공간은 공간대로 차지하고 신경은 신경대로 쓰이기 때문에, 원활한 가게 운영을 위해서는 생화 재고처럼 과감히 버리는 게 맞지만 나는 살아 있는 생명을 무참히 쓰레기통에 버릴 수가 없다.

  삼청동 중심가에 처음 오픈했던 가게는 햇빛이 잘 들지 않는 북서향인 데다 창이 한쪽만 나 있어 식물 관리가 쉽지 않았다. 다육식물들은 웃자라기 십상이었고 잎보기 식물들은 잎 색이 쉬 나빠졌다. 하지만 이전한 지금의 매장은 주변에 고층빌딩이 전혀 없는, 경복궁을 마주 보고 있는 남서향인 데다 창이 정면과 측면 두 군데로 나 있어 햇빛이 감당하기 힘들 정도로 쏟아져 들어온다. 게다가 2층 레슨실로 연결되는 골목과 2층 레슨실 창가에 충분한 공간이 있어, 그곳을 판매되지 않고 남았거나 꽃이 진 식물들을 위한 공간으로 사용하고 있다.

공간의 특성에 따라 강한 오후 햇빛에도 잘 버틸 수 있는 식물들은 서향에, 아침 햇빛을 보는 게 좋은 동·서양란은 남향에 배치하고 햇빛이 많은 공간의 특성상 물이 마르진 않는지, 비료가 부족하지 않은지 바쁜 와중에도 짬을 내어 체크한다.

하지만 이렇게 노력을 기울여도 겨울이 유난히 추운 해나 여름에 비가 많아 해를 구경하기 어려운 해에는 잠시 한눈을 파는 사이에 웃자라기도 하고, 추위에 얼어 회복 불능 상태가 되기도 하며, 물을 제때 주지 못해 상태가 급격히 나빠지는 일들이 발생한다. 이럴 땐 '내가 왜 이 고생을 사서 해야 하나' 싶은 한탄과 함께, 꽃이 졌을 때 과감히 버리지 못한 것에 대한 후회가 밀려오기도 한다.

추위로 악명 높았던 어느 해, 길고 길었던 겨울이 끝난 3월의 어느 날이었다. 1년 전에 들여왔다 꽃이 져 판매하지 못하고 보관하고 있던 난 화분에서 꽃대가 올라오기 시작했다. 서양에서는 '레이디스 슬리퍼Lady's Slipper'라고도 불리는 파피오페딜룸이 추운 겨울을 이겨내고 꽃대를 올린 것이다. 누구나 다 그렇겠지만 기대하고 있지 않던 식물에서 꽃대가 올라오게 되면 마치 자식을 얻은 것 같은 희열을 느끼게 된다. 그저 작은 꽃대에 불과하지만 숍을 왔다 갔다 하면서 볼 때마다 입가에 저절로 미소가 지어졌다. 아침 햇빛을 많이 받을 수 있는 위치에 두고, 저온에 강한 편이지만 유난히 추웠던 그해 겨울 동안 얼지 않도록 보온에 신경을 많이 썼는데, 내 마음을 어찌 알았는지 꽃대는 단단하고 튼실했다.

꽃대가 올라오고 2주가 지났을까? 몽우리가 맺히더니 파피오페딜룸 특유의 얼굴이 나타나기 시작했다. 꽃대가 올라온 기쁨에 너무 호들갑을 피웠던가. 아침부터 부산한 나의 모습을 이상하게 생각한 플라워스쿨 수강생 한 명이 파피오페딜룸을 목격하곤 구매를 원했다. 꽃대가 올라오자 햇빛을 더 잘 볼 수 있도록 2층 요양원에서 탈출시켜 남향으로 난 1층 창 선반에 판매용 식물들과 함께 두었던 데다, 꽃망울이 달리고 있었기 때문에 수강생 입장에서는 당연히 판매상품으로 생각할 수밖에 없었던 것.

판매하지 못해 키우고 있던 파피오페딜룸이 추운 겨울을 지내고 멋진 꽃으로 보답해줬다. 작은 사례이지만, 상품성을 상실한 식물이 내 손을 통해 재탄생한 기쁨, 그것이 가드너의 보람이다.

파피오페딜룸이 꽃을 피운 후, 몸을 회복하도록 1년간 물과 비료를 주고 신경 써서 햇볕을 쪼여주던 기억, 그리고 유난히 추웠던 겨울 내내 얼지 않도록 퇴근할 때마다 따뜻한 곳으로 옮겨주었던 시간들이 떠올랐다. 동시에 그동안 몇 년 넘게 키우면서 정이 담뿍 들었지만 고객의 강력한 요구(?)로 입양 보낸 백자귀나무, 미니배롱나무, 흑법사 등의 얼굴도 하나하나 떠오르기 시작했다. 다들 새로운 주인과 함께 잘 살고 있는지.

고심 끝에 파피오페딜룸을 판매하기로 했다. 사실 식물에 조예가 없는 분이 원했다면 판매하지 않았을 것이다. 〈가드너스 와이프〉의 오랜 고객이자 플라워스쿨 수강생이며, 아파트가 아니라 한옥에 거주하면서 다양한 식물을 키우고 있는 분이라 믿고 보낼 수 있었다.

나 대신 더 잘 키워줄 텐데도, 그리고 판매를 위해 들여온 상품이 오랜 기다림 후에 제값을 받고 판매되는 것임에도 정이 들었는지 이별하려니 힘이 들었다. 그래도 떠나기 전 마지막으로 기념촬영도 했고, 그분을 통해 소식을 계속 들을 수 있으니 아쉬운 마음을 뒤로 할 수밖에.

CHAPTER 10

가드닝레슨
실전

가드너 강세종

가드닝에 유용한 도구들

최근 가드닝에 대한 관심이 높아지면서 독자들의 눈높이에 맞춘 여러 책들이 소개되고 있다. 그중에는 상당히 광범위하고 깊이 있는 내용을 담은 책들도 있어서 플라워숍 주인들을 긴장시킬 정도이다. 책뿐만 아니라 인터넷 카페, 블로그에도 수많은 정보들이 넘쳐난다.

덕분에 플라워숍 운영자의 부담도 그만큼 더 커졌다. 어떤 책에서는 '꽃집 주인의 거짓말'이라는 주제를 다루는 코너가 있을 정도로 이제는 플라워숍에서 손님들에게 정확한 정보를 제공하지 않으면 망신 당하기 딱 좋은 시대이다. 그러므로 플라워숍 주인이라면 확실한 기본기와 바른 지식을 갖추고 가드닝의 즐거움을 알릴 수 있어야 한다.

사실 가드닝은 실전 경험을 많이 쌓을수록 실력이 늘기 때문에 관련 서적을 통해 기본기를 익혔다면 자신에게 맞는 식물들을 골라 키워보면서 지속적으로 공부하기를 권한다. 실제로 식물을 키우고 관리하려면 기본적인 도구를 갖추는 것이 좋다.

장갑
외관상 그리 멋있지는 않아도 저렴하고 작업에 편리한 원예용 코팅 장갑을 주로 이용한다.

배수망
화분의 물구멍으로 흙이 새어나가지 않게 하는 도구로 적당한 크기로 잘라서 사용하면 된다. 배수망이 없다면 미세한 철망이나 부직포로 대용해도 된다.

모종삽
식물을 화분에 심기 위해 토양을 퍼서 옮길 때 주로 사용한다. 스테인리스, 동, 플라스틱 등 다양한 소재로 만들어진 제품들이 있는데 실내에서 사용하려면 실외용과 달리 흙이 새어나가지 않도록 만들어진 제품을 선택하는 게 좋다.

○ 가드닝에 유용한 도구들 I

붓
분갈이 후 흙 등이 묻은 잎을 깔끔하게 정리하는 용도로 사용한다. 작은 붓은 꽃을 수정시키는 용도로 쓸 수 있다.

전지가위
플라워 디자인의 소재인 절화나 절지를 다듬을 때 사용하는 것과 기본적으로 유사하다. 날이 좋은 제품, 손에 가해지는 충격을 잘 흡수하는 제품을 선택해야 한다.

물뿌리개
가볍고 힘들이지 않고 물을 줄 수 있는 실용적인 제품을 고르는 게 좋다. 특히 실용성을 생각한다면 플라스틱 소재의 제품이 낫다.

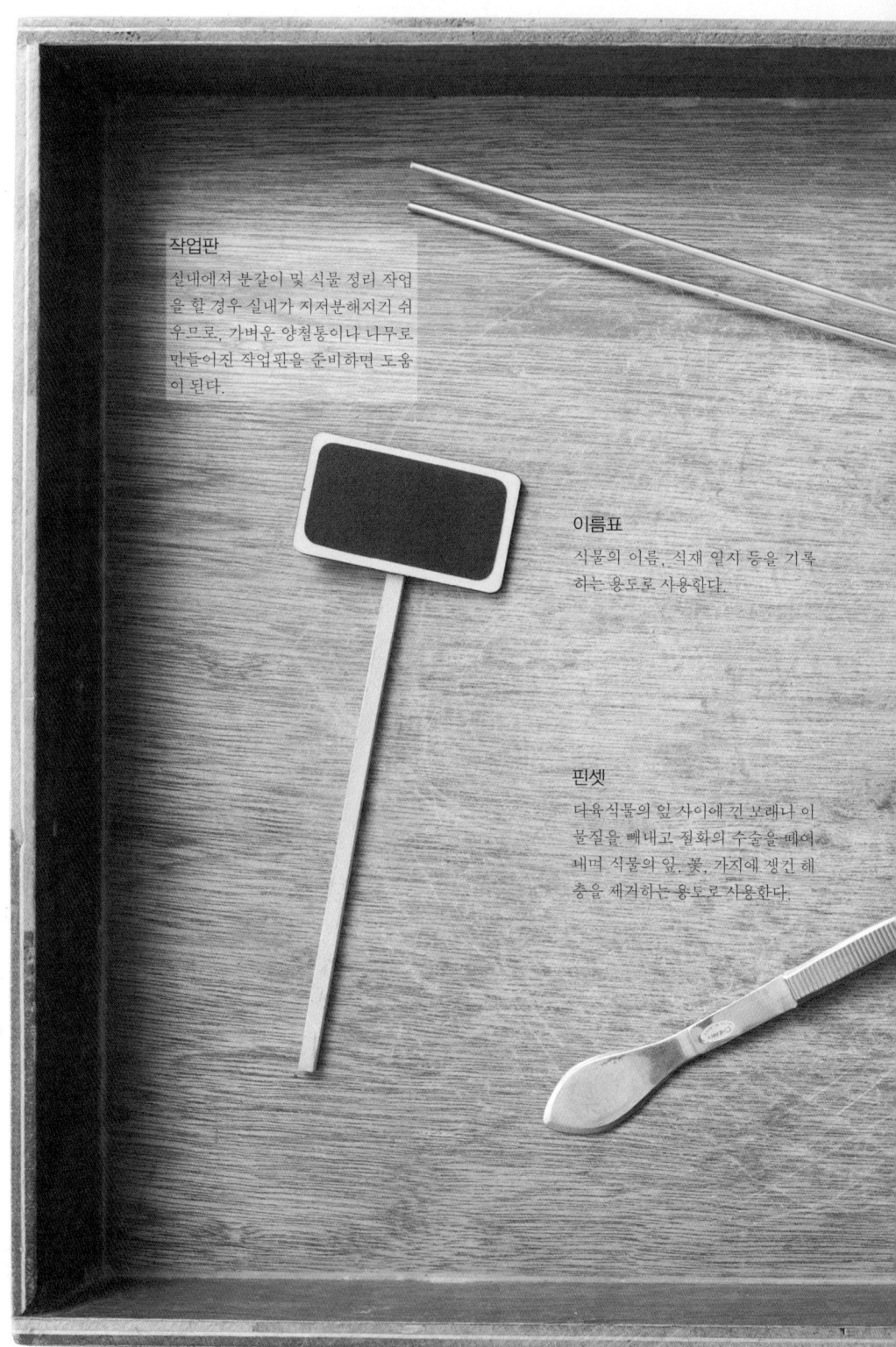

작업판
실내에서 분갈이 및 식물 정리 작업을 할 경우 실내가 지저분해지기 쉬우므로, 가벼운 양철통이나 나무로 만들어진 작업판을 준비하면 도움이 된다.

이름표
식물의 이름, 식재 일자 등을 기록하는 용도로 사용한다.

핀셋
다육식물의 잎 사이에 낀 모래나 이물질을 빼내고 절화의 수술을 떼어내며 식물의 잎, 꽃, 가지에 생긴 해충을 제거하는 용도로 사용한다.

가드닝에 유용한 도구들 II

식물 지지대
스스로의 힘으로 잘 서지 못하는 식물의 줄기를 지지해주거나 넝쿨식물의 줄기가 타고 올라갈 수 있게 하는 역할을 한다.

철사
나무나 다육식물의 모양(수형)을 잡아주는 용도로 구리로 된 분재철사를 많이 사용한다. 다른 철사를 써도 크게 상관은 없지만 적당하게 휘어지는 분재 철사가 다루기 쉽다.

건강한 토양이 건강한 식물을 만든다

플라워·가드닝 업계에 발을 들여놓았을 때 소비자나 판매자 모두 식물에 대한 관심은 높으나 그 식물이 자라는 토양(흙)에 대한 관심이 그리 높지 않은 걸 보고 놀란 적이 있다. 원예 선진국인 일본의 도소매시장을 다녀보면 식물별 흙뿐만 아니라 비료까지도 구분해서 판매하는 게 일반적인데, 우리나라는 극히 일부 업체(주로 일본 회사의 국내 지사)에서만 시도할 뿐, 여전히 구분 없이 판매하는 실정이다.

식물을 키울 때 흙의 선택은 식물의 생장, 그리고 생존과 직결되어 있는 물 주기와도 밀접한 연관이 있기 때문에 반드시 잘 알고 있어야 하는 부분이다. 특히 플로리스트를 꿈꾸거나 플라워숍을 할 생각이 있는 이라면 반드시 숙지하고 있어야 하는 부분이기도 하다.

그렇다면 식물을 키우는 데 좋은 토양이란 무엇일까? 화분을 사러 오는 손님들에게 흙은 준비되어 있냐고 물어보면 아파트 화단이나 공원의 흙을 쓸 것이라고 말하는 이들이 의외로 많다. 화단이나 공원에 있는 흙은 낙엽이 지고 부식되면서 유기질이 풍부한 흙이기 때문에 좋은 흙이라고 생각하는 듯하다.

유기질이 풍부하다는 점은 맞는 얘기일 수 있다. 하지만 그 흙이 실내에서 식물을 키우는 데 적합한지를 고민해봐야 한다. 유기질은 있을지 모르지만, 동시에 각종 해충과 병원균, 그리고 잡초 씨앗들을 지니고 있을 가능성이 높기 때문이다. 즉, 실내에서 식물을 키울 목적이라면 유기질을 포함하고 있되, 병충해가 없는 살균된 흙을 쓰는 것이 안전하다. 그리고 그 흙은 보수성

(수분을 유지하는 성질)도 좋은 동시에 통기성이 좋고 배수도 잘되는 흙이어야 한다. 그러면 실내에서 주로 사용하는 식물 재배용 토양은 어떤 성분들로 구성되어 있는지 살펴보자.

분갈이 흙

위 사진은 일반적으로 시중에 판매하는 분갈이 흙(배양토, 혼합토 등 다른 이름으로 불리지만 사실은 서로 유사한 흙이다)을 확대해본 것이다. 자세히 살펴보면 진갈색 혹은 검은색이 상당 부분을 차지하고 있고, 스티로폼 비슷한 입자, 반짝이는 가루, 그리고 부엽 같은 것도 보인다. 토양을 생산하는 업체에 따라 다소 차이는 있지만 이와 같은 분갈이 흙에는 다음과 같은 성분들이 공통적으로 들어 있다.

원예용 상토(310쪽 참조) / 피트모스 / 퍼라이트
버미큘라이트 / 마사토 / 바크

피트모스 Peat moss

습지식물이 퇴적되어 부식된 토양으로 가벼운 데다 보수력이 매우 좋다. 단, 약간의 질소를 제외하고는 비료 성분이 거의 없고 강산성이기 때문에 단독으로 다량을 사용할 경우에는 규산질 비료를 섞어 산도를 조절하는 게 좋다.

퍼라이트 Perlite

화산암인 진주암을 고온으로 처리하고 분쇄한 무균의 가벼운 약산성 토양으로 배수가 잘되며 내구성도 좋아 마사토 대용으로 많이 사용한다. 단, 토양 자체가 매우 가볍고 입자가 고운 편이라 작업 시 분진이 날리는 단점이 있다.

버미큘라이트 Vermiculite

질석을 고온으로 가열하여 만든 무균의 광물성 중성 토양으로 가볍고 보수력이 좋아 파종 및 꺾꽂이 용도로 사용된다. 보통 피트모스, 퍼라이트와 함께 혼합해서 사용한다.

마사토 Decomposition of granite

화강암이 풍화된 토양으로 배수가 잘되고 통기성도 좋다. 거의 모든 식물의 토양에 들어가며, 분갈이 후 화분의 윗부분을 덮는 화장토로도 많이 이용된다. 미사, 소립, 중립, 대립의 네 가지 크기가 있다. 무게가 많이 나가고, 마사토에 묻어 있는 진흙이 물을 줄 때 흘러나와 배수구멍 부근에서 뭉치면 원활한 배수를 방해할 수 있는 단점이 있으므로 미리 씻어서 쓰는 게 좋다.

바크 Bark

주로 전나무의 나무껍질을 잘게 부숴서 만든 통기성과 보습성이 좋은 토양이다. 일반적인 원예용 분갈이 흙에 혼합되지는 않지만 서양란을 심을 때 사용하기 때문에 함께 소개해보았다. 바크는 브랜드 구분 없이 판매되긴 하지만, 분명 좋은 제품과 그렇지 않은 제품(특히 염분 미제거 제품)은 품질의 차이가 있으니 신중하게 구매해야 한다.

식물을 쉽게 키울 수 있도록 도와주는 분갈이 흙은 시중에서 쉽게 구할 수 있다. 키우는 식물이 잎보기 식물이냐 다육식물이냐에 따라 여기에 추가하는 배수용 토양의 비율이 달라지긴 하지만, 시중에서 판매하는 분갈이용 혼합토만 있으면 일반적인 식물을 키우는 데는 큰 문제가 없다. 하지만 좀 더 전문적으로 가드닝을 공부하고 싶다면 여기서 끝낼 순 없다. 흙의 특징에 대해 좀 더 알아보자.

최적화된 흙을 갖추자

분갈이 흙에도 품질의 차이가 있다. 시중에서 많이 판매되는 분갈이 흙 두 가지를 비교해보자. 아래 왼쪽 사진에 있는 혼합토는 피트모스와 나무껍질이 더 많이 들어 있어 토양이 상대적으로 가벼우며, 색깔도 일반적으로 양분이 많은 흙의 색이라고 이야기하는 검은색보다는 옅은 갈색에 가깝고 무게도 가볍다. 반면 오른쪽에 있는 토양은 윤기 있는 검은색을 띠고 있고 피트모스와 부엽의 비중이 상대적으로 낮아 들어보면 묵직하게 느껴진다.

　이처럼 시중에서 판매하는 토양도 제조하는 업체에 따라 배합 비율이 다

르고, 품질의 차이도 있다. 어떤 혼합토는 가벼운 경량토 위주로 배합해서 비료 성분이 거의 없이 제조되는가 하면, 어떤 혼합토는 완숙 부엽토 등을 혼합해서 양분을 어느 정도 갖고 있는 경우도 있다. 사실 꺾꽂이를 하는 용도라면 전자의 토양을 사용해도 무리는 없지만, 가정에서 식물을 건강하게 키울 목적이라면 제대로 된 혼합토를 구비하는 게 좋다.

그런데 이렇게 업체마다 혼합토에 들어가는 성분이 다르다는 말은 달리 생각하면 식물은 키우는 사람이 조금만 더 부지런하면 원하는 배합 비율로 직접 흙을 만들어 쓸 수 있다는 의미이기도 하다. 즉, 배양토나 원예용 상토를 구매한 다음, 피트모스, 퍼라이트, 버미큘라이트, 마사토 등을 별도로 구매해서 상황에 맞게 비율을 직접 조절하는 것이다. 예를 들어 꺾꽂이용이라면 뿌리내림이 잘되도록 가벼운 흙인 퍼라이트, 버미큘라이트의 비율을 높여주고, 파종용이라면 발아가 잘되도록 가벼운 피트모스, 퍼라이트, 버미큘라이트만으로 토양을 만들며, 다육식물을 심을 것이라면 마사토의 비율을 더 높여주는 식이다. 또한 걸이 화분의 경우에는 마사토를 넣으면 화분이 무거워지므로 퍼라이트와 버미큘라이트의 비율을 높여주면 된다.

어떤 흙에 심을까?

1. 상토란?
시중에서 판매하는 혼합토의 품질이 들쭉날쭉해서 그런지 몰라도 최근에는 원예용 상토를 찾는 분들이 늘었다. 사실 원예용 혼합토와 큰 차이가 있는 건 아니지만 상토제조협회의 기준에 따라 제조하는 원예용 상토는 표준화되어 있어 어떤 브랜드를 구입하더라도 실패할 확률이 적은 편이다. 시중에서 사용되는 원예용 상토의 의미는 실내에서 식물을 키우기에 좋은 흙이라는 의미 정도로 이해하면 된다. 부엽이 위주인 것과 여러 인공토양이 혼합된 혼합토로 나뉘는데 후자의 경우는 일반적인 분갈이 흙으로 사용해도 무방하다. 보통 50리터 단위로 판매하는데 혼합토보다는 무게가 덜 나가는 편이다.

단, 주의할 점은 일반적으로 퇴비 상토는 동식물성 퇴비가 들어간 유기질 비료를 의미하니 혼동하지 않도록 한다. 퇴비 상토를 실내로 들였다간 심한 냄새를 감당하기 힘들 것이다.

2. 왜 서양란은 바크나 수태에, 동양란은 난석에 심을까?
식물 식재 시 사용하는 토양은 해당 식물의 원산지 환경과 연관이 깊다. 착생란이 대부분인 서양란은 원산지에서 뿌리를 공기 중에 노출시킨 채 나무 등걸

서양란을 심는 데 주로 사용하는 바크   동양란을 심는 데 사용하는 난석

등에 붙어 자란다. 만일 원산지와 같은 온도와 습도를 제공할 수 있다면 똑같이 키우면 되겠지만, 온대기후인 우리나라에서는 불가능한 일이다. 따라서 나무 등걸 대신 통풍이 잘되고 배수성이 좋은 나무껍질인 바크나 수태를 이용해서 최대한 비슷한 환경을 만들어주는 것이다. 서양란과 달리 땅에서 자라는 지생란이 대부분인 동양란의 경우는 통기성과 배수성이 좋은 부엽토층에서 자라는데 이와 유사한 환경을 만들어주기 위해 보통 난석으로 통칭되는 일향토(휴가토) 등을 이용해서 식재하게 된다.

식물의 일용할 양식, 햇빛

아파트가 대중화되면서 햇빛이 무척 귀해졌다. 햇빛이 귀해졌다는 것은 식물을 건강하게 키울 수 있는 환경이 줄어들었다는 뜻이다. 사실 햇빛이 없는 음지의 실내에서 잘 자랄 수 있는 식물은 그리 많지 않다. 소위 '음지식물'로 통칭되는 실내 잎보기 식물들은 음지에서 잘 자라는 식물이 아니라 '음지에서 잘 버티는 식물'이 더 정확한 표현이라고 할 수 있다. 그런데 식물을 구매하러 오는 손님들과 대화를 나누다 보면 사람마다 빛이 많고 적고의 기준이 다른 경우를 흔히 발견하게 된다. 즉, 햇빛이 잘 든다고 판단하는 기준이 천차만별인 것이다.

식물 둘 곳의 빛의 양을 확인하자

실내로 들인 식물은 실외에 비해서 빛의 양이 엄청나게 부족하다. 인공조명은 식물에게는 큰 도움이 되지 않고 대부분의 가정집 창문들에는 방충망이 있거나 필름으로 코팅되어 있기 때문에 실제 들어오는 빛의 양은 더욱 줄어든다. 설상가상으로 창문이 난 방향이 북향이라면 빛 자체가 제대로 들지 않기에 빛을 좋아하는 식물들은 잘 자랄 수가 없다.

한편 빛의 양은 창문으로부터의 거리에 따라 크게 달라지는데 창문이 있어 빛이 들어오더라도 창문과 식물 사이의 거리가 멀다면 식물에게 큰 도움이 되지 않는다. 창문으로부터 식물까지 도달하는 거리의 제곱 이상으로 빛의 양이 줄어들기 때문이다.

우리 집의 공간에 들어오는 빛이 어느 정도인지 잘 모르겠다면, 스마트폰

햇빛을 충분히 줄 수 없다면 '식물등'으로 불리는 PG램프 등으로 빛을 보완해주면 도움이 될 수 있다.

조도계를 이용하거나 시험 삼아 빛을 좋아하는 작은 다육식물 화분 몇 개를 들여 여기저기 놓아본다. 2~3주 내에 웃자람이 생기는 곳이 있다면 소위 말하는 '양지'는 아니라고 보면 된다.

식물을 선택할 때 햇빛을 좋아하는 식물인지 확인하자

일반적으로 음지에서 잘 버티는 잎보기 식물들을 보면 잎의 크기가 큰 편인 반면, 햇빛을 좋아하는 꽃보기 식물, 침엽수, 다육식물들은 잎의 크기가 작다. 이는 잎이 얇고 넓은 식물은 빛이 적게 필요하고, 잎이 비교적 두껍고 좁은 식물은 빛을 많이 필요로 하기 때문이라고 볼 수 있다. 혹은 빛이 부족한 환경에서 식물은 빛을 더 많이 흡수하기 위해 잎의 크기를 키우고, 빛이 충분한 환경에서는 잎이 크지 않아도 충분히 광합성을 할 수 있기 때문이라고도 해석할 수 있다.

햇빛이 부족한지 확인하는 방법

앞에서 다육식물을 이용한 실험의 예처럼 식물은 빛이 부족하면 잎과 잎 사이가 길어지는 웃자람 현상이 제일 먼저 발생한다. 이어서 잎의 크기가 정상적인 경우보다 더 커지고 두께가 얇아지며, 잎 색이 원래의 싱싱한 색상을 잃고 탁하게 변한다. 그리고 꽃봉오리는 개화하지 못하고 떨어져버린다.

온도와 습도를 관리하자

식물에게 온도는 성장하고 꽃을 피우고 휴면할 때까지 큰 영향을 미치는 요소 중 하나다. 식물에 생기는 여러 문제들 중 고온과 저온으로 인한 피해는 거의 돌이킬 수 없는 경우가 많기 때문에 키우는 식물이 잘 자라는 온도 범위를 정확히 알고 있는 것이 중요하다.

그리고 온도와 함께 간과해서 안 되는 것이 '습도'이다. 늘 습한 열대나 아열대 지방에서 온 잎보기 식물들은 가을, 겨울철의 건조한 실내에서 건조로 인한 피해를 입기 쉽고, 건조한 지방에서 건너온 다육식물들은 우리나라의 무덥고 습한 여름에 과한 습도로 인해 피해를 입는 경우가 많다.

이처럼 소중한 식물들을 여름이나 겨울철에 떠나보내지 않으려면, 그 식물이 어느 지방에서 온 것인지, 몇 도 정도에서 잘 자라는지(생육적온), 최고 및 최저 몇 도까지 버틸 수 있는지(한계온도)를 알고 있으면 큰 도움이 된다. 그리고 이를 위해 온습도계 하나쯤은 꼭 장만하는 것이 좋다.

생육적온

일반적으로 실내 잎보기 식물들은 20~30도 사이에서 잘 성장하는데 이를 생육적온이라고 한다. 그런데 잎보기 식물들도 열대산이냐 아열대산이냐에 따라 생육적온의 범위가 다소 다르고, 비교적 추위에 강한 온대산 식물들은 15도 전후부터, 한대산 식물들은 10도 정도부터 성장을 시작한다. 따라서 기르는 식물의 생육적온을 하나하나 체크하고 비슷한 온도에서 잘 자라는 식물들을 한데 모아서 관리하는 게 좋다.

실내식물의 월동

생육적온을 알았다면, 그다음으로 식물의 월동에 대해서 알아보자. 우리나라와 같은 온대지방에서 실내와 실외에서 식물을 키운다면 최저 한계온도, 즉 월동온도를 반드시 알고 있어야 한다.

중부 이북에서 자라는 식물을 키우면 월동에 대한 걱정은 덜하겠지만 선택할 수 있는 식물의 종류가 매우 제한적이다. 특이한 잎 모양과 다양한 잎 색을 자랑하는 식물들은 대부분 열대나 아열대 출신이 많다. 특히 시중에서 판매하는 식물의 대부분은 이 지방 출신들이기 때문에 월동 대책을 반드시 세워야만 한다. 실내에서 키우는 식물들의 월동온도는 인터넷에서 검색을 해보면 비교적 어렵지 않게 찾아볼 수 있으니 굳이 책에 기재하지는 않겠다. 대신 이와 함께 실내식물들이 겨울을 나는 데 반드시 고려해야 할 부분 몇 가지를 짚어보려 한다.

최저 월동온도가 정답은 아니다

시중에서 공유되고 있는 월동온도표를 보면 '어, 이건 아닌데?'라는 생각이 드는 경우가 많다. 햇빛이 잘 들고 겨울바람을 피할 수 있는 환경에서 오랫동안 그 공간에 서서히 적응한 식물은 실제 표에 나와 있는 경우보다 훨씬 낮은 온도에도 무난히 월동하는 경우가 있는 반면, 해당 공간에 적응하지 못한 식물은 월동온도보다 더 높은 온도에서도 동해를 입는 경우가 있다. 즉, 식물도 공간에 적응하기 마련이며, 그 공간에 적응할 수 있는 시간과 환경을 만들어줘야 한다는 이야기이다.

물 주기와 비료 주기는 신중하게 한다

추운 베란다에 있는 식물은 휴면에 들어가기 때문에 성장기보다 물 요구도가 줄어들게 되므로 봄~가을만큼 물을 줘서는 안 된다. 게다가 차가운 물을 주면 식물이 쇼크에 빠질 수 있으므로, 물을 주는 빈도를 줄이고, 물을 줄 때도 따뜻한 물을 주는 게 좋다.

비료는 실내 공간이든 실외 공간이든 가을에 접어들게 되면 사용에 주의를 기울여야 한다. 특히 잎과 줄기의 성장에 관여하는 질소 비료를 과하게 줄 경우 아직 여물지 못한 잎과 줄기가 동해의 피해를 입기 쉽다. 오히려 추위에 대한 저항성을 높여주는 인산, 칼륨 등의 비료를 주는 게 좋다.

온대산 식물들의 관리방법은 다르다

꽃이 피는 온대산 식물들은 저온을 겪어야만 개화를 하기 때문에, 따뜻한 실내에 옮겨두면 꽃눈 형성이 억제되거나 아예 꽃눈이 생기지 않는 경우도 생겨 다음 해 봄에 잎만 무성하게 나는 경우가 발생한다.

월동 준비

대부분의 잎보기 식물들은 10~15도 이상이 되어야 겨울을 날 수 있다. 겨울에 이 정도로 온도가 유지되는 곳은 주로 거실인데, 화분의 수가 너무 많거나 거실에 공간이 충분치 않아 따뜻한 실내로 들일 수 없게 되면 낭패가 아닐 수 없다. 온실을 만들고 난방기를 돌리면야 좋겠지만 일반적인 가정에서는 현실적으로 쉽지 않다. 이런 경우는 일단 외풍이 들어오는 곳을 테이프, 비닐 등으로 막고, 에어캡, 골판지, 스티로폼 판, 안 입는 옷가지로 화분과 식물을 둘러싸서 보온효과를 주면 어느 정도 도움이 된다. 저녁에 난방이 끊기는 플라워 로드숍의 경우는 라디에이터 등을 이용해서 일정한 온도가 유지되도록 맞춰주는 게 좋다.

습도 관리

겨울철에 온도 관리와 함께 습도 관리도 무시해선 안 된다. 보통 실내에서 인간이 쾌적하게 느끼는 습도는 50% 정도인데, 아열대나 열대 기후에서 온 식물들은 훨씬 더 습한 환경을 좋아한다. 그런데 실내 난방을 하는 겨울철에 실내 습도는 식물 입장에서는 극한 환경인 10~20%까지 떨어진다. 때문에 식물은 급격히 수분을 잃어 처음에는 잎 끝이 타들어가다가 결국 잎이 누렇게 변하면서 떨어지는 현상이 일어나게 된다. 따라서 겨울철에 건조한 실내에 열대산 잎보기 식물, 착생란들을 들인다면 잎의 앞뒷면에 수시로 물을 뿌려줘 습도를 최대한 높여줘야 한다.

3년을 해도 힘든 물 주기

서당개 3년이면 풍월을 읊는다지만 식물에 물 주기는 3년을 해도 쉽지 않은 숙제인 듯하다. 몸의 70~80%가 수분으로 이루어져 있는 식물은 물 요구도가 기본적으로 식물의 성격과 원산지에 따라 다르고, 어떤 토양으로 어떤 화분에 심었는지, 화분을 어디에 두는지에 따라 모두 제각각이기 때문에 다양한 식물의 물 관리를 단기간 내에 마스터하기는 쉽지 않다.

물은 언제 줘야 할까?

보통 오전에 물을 주라고 하는데, 그 이유는 저녁부터 새벽녘까지 계속 호흡 활동을 할 때보다 광합성이 시작되는 오전 9~10시부터 식물에게는 물이 필요하기 때문이다. 또한 햇빛이 작열하는 오후에 물을 주면 뜨거워진 물 때문에 식물이 여러 가지 피해를 입게 되기 때문이기도 하다. 맞벌이 가구가 대부분인 요즘처럼 아침에 물 주기가 쉽지 않을 경우 부득이하게 저녁에 주는 것이 대안이 될 수는 있지만, 과습이나 동해의 원인이 되므로 주의를 기울이는 게 좋다.

어떤 물을 줘야 할까?

사람이나 식물이나 좋은 물을 좋아하는 건 똑같다. 그렇다고 식물에 좋은 빗물을 주기 위해 비가 올 때까지 기다리거나 비싼 생수를 사서 줄 수는 없는 노릇이다. 가장 저렴하고 간편한 방법은 수돗물을 받아 하루 이상 두었다가 염소 등 휘발성 살균 물질이 사라진 다음에 사용하는 것이다.

이 방법은 물을 받아놓는 과정을 통해 물의 온도가 실온과 비슷해지므로, 너무 차가운 물이나 뜨거운 물을 줘서 식물의 뿌리가 상하거나 식물이 스트레스를 받는 것을 방지하는 장점도 있다.

얼마나 줘야 할까?

기본적으로 잎보기 식물이든, 다육식물이든 물을 줄 때는 듬뿍 주는 게 좋다. 물이 화분의 위에서 아래까지 관통해 배수구멍으로 빠지는 과정에서 흙이 재배치되면서 토양 속에 축적된 유해한 가스를 배출하기 때문에 뿌리가 건강해지고 결과적으로 식물이 건강해진다. 물 요구도가 상대적으로 높은 잎보기 식물과 그 반대의 다육식물의 경우 물을 주는 빈도가 다를 뿐 방법은 동일하다.

실내에 식물을 두고 있을 경우 크기 때문에 옮기기 힘들거나 번거로우면 배수를 화분받침에 의존할 수밖에 없는데, 식물을 구매하거나 선물받을 때 기본으로 딸려오는 화분받침이 수용할 수 있는 물의 양에 제한이 있다 보니 물을 조금만 주는 경우가 많다. 이 경우 주로 아래쪽에 위치한, 물을 흡수하는 뿌리까지 물이 제대로 전달되지 않아 식물은 물 부족에 시달리다 점차 죽

물이 부족하다는 신호를 보내고 있는 다육식물 청옥.
다육식물은 수분이 부족하면 잎에 주름이 생긴다.

어가게 된다. 반면 초보자들이 쉽게 범하기 쉬운 실수 중 하나인데, 물은 충분히 주되 물 받침에 물을 가득 채운 채 그대로 두면 뿌리가 호흡을 못하게 되어 결국 뿌리가 썩어 식물도 해를 입게 된다.

얼마나 자주 줘야 할까?

'식물에게 물을 얼마나 자주 줘야 하는가'는 물 주기에서 가장 까다로운 과제 중 하나라고 할 수 있다. 플라워숍에서 손님들에게 가장 많이 듣는 질문이며, 매번 질문을 받을 때마다 답하기 힘든 질문이기도 하다. 왜냐하면 그때그때 다르기 때문이다. 식물이 처한 환경(햇빛이 얼마나 잘 드는지, 습도는 어떤지, 통풍은 잘되는지), 식물의 토양(배수가 잘되는 토양인지 아닌지), 식물이 들어가 있는 화분(유약분인지 토분인지), 관리자가 물을 얼마나 자주 어떤 방법으로 주는지 등등의 요인에 따라 다를 수밖에 없다는 의미이다.

사실 매일 식물을 접하다 보면 물이 부족한 식물을 경험으로 쉽게 알 수 있다. 식물은 몸체의 대부분이 수분으로 이루어져 있다 보니 물이 부족해지면 전체적으로 힘이 빠져 보이고, 잎이 접히거나 쪼글쪼글해지며 화분이 가벼워지기 때문이다. 하지만 식물을 많이 키워보지 않은 이들은 이처럼 식물이 주는 신호를 알아채지 못하고 방치하는 경우가 많고, 결국 물 부족으로 인한 피해를 입게 된다. 이와 같은 사고를 미연에 방지하기 위해 알아야 할 몇 가지 포인트를 살펴보자.

화분과 토양을 확인하자

보통 가정의 베란다에 가보면 선물을 받거나 직접 구입한 식물들이 각기 다른 재질과 형태의 화분들에서 자라고 있는 모습을 흔히 발견하곤 한다. 그런데 이런 환경은 식물을 키워본 경험이 없는 이에게는 실패할 확률이 그만큼 높다. 왜냐하면 화분이 유약분인지 유약을 안 바른 토분인지, 화분 바닥의 배수구멍이 충분한 크기인지, 배수구멍의 숫자가 몇 개인지, 식물이 어떤 토양에 심어졌는지, 배수층은 얼마나 되는지에 따라 물 주는 주기가 달라져야 하지만, 내가 직접 고르거나 분갈이를 한 것이 아니기 때문에 속이 어떤지 알 수 없기 때문이다.

따라서 여건이 허락한다면 식물을 처음 들여올 때부터(성격이 유사한 식물을 들여온다는 가정하에) 비슷한 성격의 화분을 선택하고, 다소 번거롭더라도 직접 분갈이를 함으로써 어떤 토양에 심었는지 정확히 알아두면 실패 확률을 크게 낮출 수 있다. 만일 선물로 식물이 들어온다면, 뿌리가 더 자리 잡기 전에 바로 분갈이를 해주는 것도 좋다.

물을 줄 때는 손가락 센서를 이용하자

이쑤시개나 젓가락 등을 이용하는 것도 대안이 될 수 있지만, 손가락만큼 정확한 게 없다. 많은 화분들이 화분 속 흙 표면을 마사토 등의 화장토로 덮어놓은 경우가 많으므로, 손가락 한두 마디 정도를 흙 속에 넣어보고 말라 있으면 물을 주는 게 가장 정확하다. 큰 화분의 경우에는 손가락으로 불가능할 테니 나무젓가락 등을 활용하는 것도 좋다. 단, 물 요구도가 낮고 배수가 잘 되는 토양에 심는 다육식물이나 물 요구도가 높아 겉흙이 마르기 전에 물 관리가 이루어져야 하는 일부 고사리류 식물들은 이 원칙에서 예외로 한다.

계절에 따라 물 주기를 달리하자

실내 공간과 분리된 베란다(발코니)는 늦가을, 겨울이 되면 온도가 급격히 떨어지게 된다. 식물들도 늦가을, 겨울에는 휴면에 들어가고 휴면에 들어간 상태에서는 물을 거의 필요로 하지 않는다. 따뜻한 실내로 옮긴 식물은 기존과 같이 물 관리를 하면 되는데, 공간이 없어 그대로 베란다에 둔 식물들은 봄, 가을에 물 주는 주기보다 서너 배 정도 긴 주기로 따뜻한 날에 미지근한 물을 주도록 한다.

분갈이는 이사와 같은 것

식물을 원래 심어져 있던 화분에서 빼내 화분과 토양을 교체하는 분갈이 작업은 앞에서 다루었던 토양, 햇빛, 물 주기와 직결된 종합적인 작업이다. 분갈이는 식물 입장에서는 살던 집을 떠나 새로운 집으로 이사 가는 것과 같다. 그래서 분갈이를 하면 식물은 환경의 변화로 인해 스트레스를 받게 되고 새로운 환경에 적응하는 데 절대적인 시간이 필요하다. 그렇다 보니 실제로 제대로 된 분갈이 방법을 모르고 행동에 옮겼다가 소중한 식물들이 시름시름 앓거나 갑자기 죽어버리는 일이 종종 있다. 그렇다면 분갈이를 어떻게 해야 잘할 수 있을까?

식물이 주는 신호

보통 식물이 심어진 화분은 일반적으로 1~2년 정도 지나면 토양 속의 양분이 대부분 빠져나가게 되고 산성화되기 시작한다. 뿐만 아니라 화분 안에 뿌리가 꽉 차서 정상적인 성장이 어려우므로 좀 더 큰 화분에 새로운 토양을 넣어 옮겨 심는 게 좋다. 그런데 시기와 무관하게 분갈이가 필요한 상황이 되면 식물이 주는 신호가 세 가지 있다. 첫 번째로 화분의 배수구멍으로 뿌리가  삐져나온다. 두 번째로 물을 주면 흙에 머무는 느낌 없이 그대로 물이 빠져나온다. 토양이 모두 빠져나가고 뿌리만 꽉 차 있으면 이런 현상이 일어난다. 마지막으로 상태가 심하면 흙 표면까지 뿌리가 올라오거나 흙 표면이 처음보다 위로 올라와 있는 것을 발견할 수 있다.

실내식물의 분갈이 시기

연중 일정한 온도와 습도가 유지되는 환경에서 자라는 식물이라면 분갈이 시기를 논하는 데 다소 무리가 있지만, 가정의 베란다 등에서 자라는 식물의 경우는 무더운 여름철과 겨울철에 얼어 죽지 않을 만큼의 추위를 겪기 때문에 분갈이의 적기라는 게 존재하기는 한다.

일반적으로 실내 잎보기 식물의 경우 봄철 3~5월과 가을철인 9~10월에 분갈이를 하면 크게 무리가 없다. 여름철에는 고온과 장마철의 습도 등의 변수, 겨울철에는 추위 때문에 분갈이 후 식물이 안정화되는 데 다소 무리가 따를 수 있다.

한편, 뿌리를 정리하고 흙을 털어내는 '정식 분갈이'라면 분명 기후와 시기를 고려해서 작업해야겠지만, 식물을 기존 화분에서 그대로 빼내 뿌리를 거의 건드리지 않고 토양을 보충하는 '간이 분갈이'라면 그 시기는 크게 중요하지 않다.

분갈이 토양

목적에 따라 시중에 나와 있는 분갈이 흙을 이용하거나, 직접 원예용 상토, 마사토 등을 식물의 성격과 키우는 환경에 맞춰 적합한 비율로 섞어서 준비한다. 잎보기 식물인지 다육식물인지에 따라 어떤 배합비율로 심는 것이 적합한가에 대해서는 환경요인(빛, 온도, 습도), 화분 선택(토분 혹은 유약분), 기르는 사람의 성격에 이르기까지 다양한 변수가 있기 때문에 정답이 있을 수 없다. 다만 일반적으로 잎보기 식물은 시중에 판매하는 분갈이 흙을 그대로 사용해도 큰 무리가 없고, 다육식물은 전용 토양이 가장 좋기는 하지만 원예용 상토 혹은 분갈이 흙에 상대적으로 배수가 잘되는 마사토 등의 비율을 높여서 사용해도 크게 무리가 없다.

그리고 보통 배수층은 휴가토로 불리는 난석이나 마사토를 이용하는데 마사토의 경우 흙물이 나올 수 있고 화분을 무겁게 하므로, 다소 고가인 게 단점이지만 세척마사를 사용하면 좋다.

화분의 선택

식물의 현재 화분보다 지름이 20~30% 정도 큰 화분 크기가 적합하다. 너무 큰 화분을 선택하면 꽃이 잘 안 핀다든지 배수 불량으로 과습의 피해를 입는 등의 부작용이 생길 수 있다. 그리고 식물을 많이 키워보지 않은 초보자라면,

적합한 크기의 화분으로 분갈이하기

식물도 관리 방법이 비슷한 식물군을 선택하는 게 좋듯이, 화분도 비슷한 종류(예를 들면 토분, 유약분, 옹기분 등)를 사용하는 게 좋다. 이렇게 하면 까다로운 물 관리가 용이해지기 때문에 실패할 확률을 많이 낮출 수 있다.

배수층을 확보

과거 국내에서 제작한 수제 화분과 달리 최근 대량생산된 화분들을 보면 대부분 중국 등지에서 수입하는 것들이 많다. 그렇다 보니 파손의 위험을 줄이기 위해 배수구멍을 작게 해서 들여오는 경우가 많고, 물길이나 굽이 거의 없어서 구멍을 빠져나온 물이 흘러나갈 수 있는 공간도 부족한 경우가 많다. 그렇다고 식물과 화분이 실내 인테리어의 한 요소가 된 상황에서 배수구멍이 크고 굽이 있다는 이유 때문에 마음에 안 드는 디자인의 화분을 사용할 수는 없는 노릇. 이 경우에는 배수층을 충분히 만들어서 구멍이 작아 물이 다소 천천히 빠지더라도 식물이 과도한 습기로 피해를 입지 않게 하는 것이 중요하다.

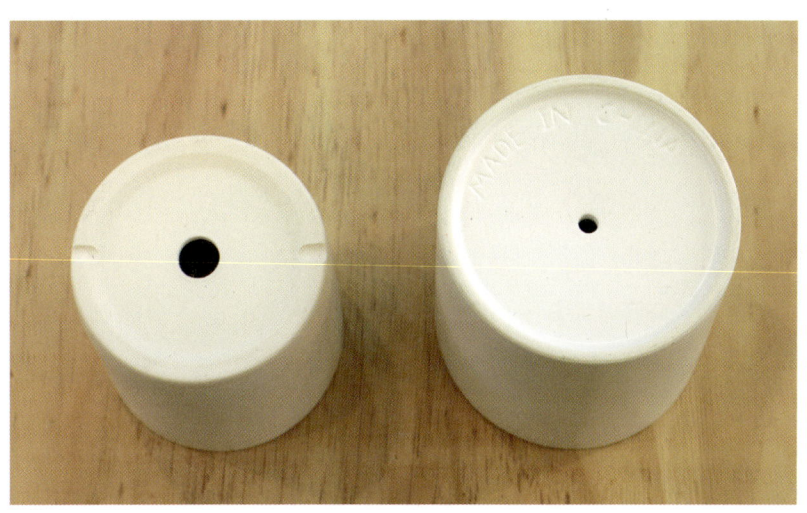

배수구멍도 크고 물길이 있는 〈가드너스 와이프〉 국내 제작 화분(○) vs.
배수구멍이 작고 물길이 없는 중국산 화분(×)

분갈이 이후 관리

잎보기 식물들은 분갈이 후 충분히 물을 줘야 하지만, 다육식물이나 선인장은 분갈이 직후 물을 주면 과습으로 인한 피해를 입거나 뿌리 내림이 원활하지 않을 수 있으므로 분갈이 후 1~2주 뒤부터 물을 주는 게 좋다. 그리고 아무리 조심해서 작업을 하더라도 분갈이 과정에서 뿌리털을 비롯한 연약한 뿌리들이 상할 수 있다. 따라서 분갈이 직후 며칠 동안 통풍이 잘되는 반음지에서 뿌리가 정상화될 수 있는 적응시간을 준 후 다시 제 위치로 옮기는 게 좋다.

벌레, 병균들과의 싸움

꽃과 식물은 살아 있는 생명체이기에 사람과 마찬가지로 해충과 병균의 공격 대상이 될 수밖에 없다. 그런데 꽃과 식물 다루는 일을 취미로 하든 업으로 삼든 의외로 병해충을 간과하는 경우를 종종 보곤 한다.

현재 플라워숍의 주요 종사자인 20~30대 대부분은 농촌 생활 경험이 거의 없어 곤충이나 벌레에 대한 거부감이 심한 편이다. 어릴 때부터 접해보지 못한 처음 보는 벌레들이 꽃과 식물에서 발견되면 깜짝 놀라고, 심한 경우에는 꽃과 식물에 거리감을 갖게 되기도 한다. 이는 꽃과 식물과 함께하는 삶의 아름다운 측면만 생각하고 그 이면에 숨어 있는, 성가시고 불편한 부분을 간과했기 때문일 것이다. 절화, 분화식물, 조경수 모두 살아 있는 생명체인 이상 병해충에서 자유로울 수는 없다.

병해충은 일반적으로 통풍이 안 되거나 고온다습 혹은 건조한 환경에서 잘 생긴다. 하지만 경험으로 보면 꼭 그렇지도 않다. 주변의 영향이라는, 통제할 수 없는 변수 때문에 아끼는 식물들이 예상치 못한 병해충의 공격을 받는 경우가 있다.

질병이나 해충이 발생하게 되면 먼저 지금 해당 식물이 생장에 적합한 환경에 있는지 확인해봐야 하며, 해충은 가능하다면 손이나 채집도구를 이용해서 없애줘야 한다. 하지만 완벽히 제거하지 못하면 결국 머지않아 다시 같은 문제가 발생하고 덩달아 주변 식물에도 옮을 수 있으므로 약을 사용할 수밖에 없다. 식용작물이라면 농약 대신 친환경제제를 이용해볼 수 있겠지만 관상용 식물의 경우에는 병해충으로 스트레스를 받는 것보다는 농약을 이용

해 빨리 해결하는 게 정신 건강에 이로울 수 있다.

여기에서는 실내 원예에서 만날 수 있는 대표적인 병충해와 일반적으로 많이 사용하는 농약 등을 소개해본다. 사실 어느 약이 해당 해충 및 질병에 더 잘 듣는지 객관적으로 검증된 통계자료가 거의 없고, 있다고 하더라도 대부분 과수나 채소에 대한 실험 결과만 있기 때문에, 시중에서 비교적 손쉽게 구할 수 있고 실내에서 사용 가능한 저독성 농약 위주로 다뤄본다.

특정 상표를 홍보하고자 하는 의도는 전혀 없으며, 브랜드만 다를 뿐 성분이 동일한 경우가 많으므로 성분표를 확인한 후 구매하면 된다. 저독성이라도 분명 인체에 해로운 농약이기 때문에 사용법을 정확히 알고 사용해야 한다. 그러나 가장 효과적인 방제법은 다소 번거롭고 귀찮더라도 늘 관찰하는 습관을 들이고 최대한 일찍 발견해서 퍼지기 전에 없애는 것이다.

즙을 빨아먹는 해충

진딧물

진딧물은 식물의 새순, 꽃봉오리 등에 모여서 즙액을 빨아먹는 대표적인 해충이다. 날개가 있는 암컷은 날아다니며 다량의 알을 낳는다. 군집해서 식물의 즙액을 빨아먹다 보니 시각적으로 징그러운 것은 당연하고, 식물의 생장이 나빠지게 되며 심지어는 진딧물의 배설물을 좋아하는 개미까지 꼬이게 된다. 실내식물에 생기는 진딧물은 초기라면 시중에서 구할 수 있는 약제로 비교적 쉽게 퇴치할 수 있다. 그러나 제때 퇴치하지 않으면 다른 바이러스 병의 원인이 되므로 새순 위주로 늘 관찰하는 습관을 가지고 발견 즉시 없애는 게 좋다.

→ 약제 : ○○킬류(주로 퍼메트린 희석액), 코니도(분말, 저독성), 식물 추출물류
(고삼, 님, 은행잎, 피마자 등)

깍지벌레

통풍이 잘 안 되는 곳에 많이 생기며 솜깍지벌레, 갈색깍지벌레, 가루깍지벌레 등이 있다. 주로 잎 뒷면, 잎자루 사이 등에 끼어서 즙액을 빨기 때문에 눈에 잘 안 띄는 경우가 많은데, 잎과 줄기가 그을린 것처럼 거뭇거뭇해지거나 솜을 뭉쳐놓은 것 같은 배설물이 발견되면 깍지벌레가 있다고 보면 된다. 좀 징그럽더라도 발견하는 즉시 잡아서 제거한 후에 전용약제를 잎 앞뒷면, 줄기 등 식물 구석구석에 뿌려준다. 뿐만 아니라 흙에도 살포해주는 게 좋다(뿌리 부근까지 확인한다). 한 번에 완전히 박멸하기는 쉽지 않으므로 약제를 뿌린 다음에도 계속 주시하면서 없어질 때까지 여러 번 뿌려준다.

→ 약제 : 매머드(액상, 저독성), 수프라사이드(액상메티다티온유제, 고독성 농약이므로 주의 필요) 등

응애

눈에 거의 보이지 않는 거미와 유사한 해충으로 고온건조하고 환기가 잘 안 되는 환경에서 잘 생기고 잎 표면에 흰 점을 만든다. 응애가 세포를 뚫고 내용물을 빨아먹으면 세포벽만 남는데 사람의 육안에는 흰 점처럼 보이는 것이다. 응애의 공격을 당한 식물은 갑자기 쇠약해지며 그대로 두면 미세한 거미줄이 잎을 뒤덮는다. 응애가 발견된 식물은 바로 격리하고 살충제가 아닌 응애 전용농약인 살비제를 뿌린다. 하지만 응애는 내성이 강해 잘 죽지 않으므로 살비제로도 박멸이 안 된다면, 식물을 포기하는 게 차라리 속 편할 수 있다.
→ 약제 : 파발마(분말,저독성), 살비왕(액상,저독성) 등

온실가루이

고추나 피망 등의 시설원예 재배 시 흔하게 생기는 흰색의 조그마한 나방 같은 해충으로 원예식물들에게도 예외는 아니다. 특히 포인세티아, 재스민 등의 잎 뒷면에 알을 낳아서 식물의 잎에 해를 끼치고, 초기에 방제하지 못하면 완전히 없애기 쉽지 않다. 식물을 구매할 때 잎 뒷면을 반드시 확인하고, 알이 발견되었을 경우에는 알이 많이 붙어 있는 잎은 제거하고 전용약제를 잎 앞뒷면에 뿌려준다. 이미 퍼져버린 상황이고 약이 잘 듣지 않는다면 진공청소기로 빨아들이는 것도 도움이 된다.
→ 약제 : 매머드(액상, 저독성), 코니도(분말, 저독성), 빅카드(액상, 저독성) 등

갉아먹는 해충

작은뿌리파리

까만 날파리처럼 보이는 작은뿌리파리는 다육식물과 동·서양란의 뿌리에 알을 낳고, 애벌레가 뿌리를 갉아먹는 외래 해충으로 특히 실내습도가 높아지면 그 숫자가 급격히 늘어난다. 성충 제거용과 애벌레 제거용 약을 구분해서 사용한다.

→ 약제 : 성충 제거용—ㅇㅇ킬류(퍼메트린 희석액) 등

알 및 애벌레 제거용—빅카드(액상), 디밀린(분말) 등

나방(나비)

기르는 식물에 나비가 앉았다고 좋아만 해서는 안 된다. 알을 낳아서 부화한 애벌레가 식물을 갉아먹을 수 있기 때문이다. 특히 다육식물의 나방(나비) 피해가 많은데, 충분한 햇빛을 주기 위해 걸이 화분을 이용해서 난간에 걸어놓거나 밖에 내놓았을 때 각별한 주의가 필요하다. 일반 가정에서는 약을 준비해놓고 대응하긴 쉽지 않으므로, 다육식물의 경우 나비가 앉지 않도록 유의하고 나방이 나뭇잎이나 줄기에 주로 알을 낳는 봄이나 가을에는 알이 부화하기 전에 알집을 제거할 수 있도록 늘 식물의 새순을 위주로 세심히 관찰하는 게 필요하다. 절화의 경우에도 여름철이면 꽃 안에서 알이나 애벌레가 발견되는 경우가 종종 있다. 적당한 약제를 시중에서 구하기 쉽지 않기 때문에 미리 확인해서 제거하지 않고 판매할 경우 감당하기 힘든 결과가 초래될 수도 있다.

달팽이

등껍질이 있는 달팽이와 없는 민달팽이가 있는데, 수생식물, 다육식물 등에 기생하며 잎의 부드러운 생장점 부분과 뿌리를 갉아먹는다. 주로 밤에 활동하기 때문에 낮에 발견하긴 쉽지 않다. 잎사귀 부분에 반짝거리는 점액질이 남아 있고 잎을 갉아먹은 흔적이 있다면 달팽이가 흙 속에 있다고 보면 틀림없다. 흔적이 발견되면 달팽이 유인제를 이용해서 완전히 박멸하는 게 좋다. 몇 가지 약제가 판매되는데 대부분 성분(메타알데히드)과 사용법이 동일하다.

> **병해충 전용약제 알아보기**
>
> 병해충별로 어떤 농약이 적합한지, 성분이 무엇이고 어떤 상표로 판매되는지 알아보려면 한국작물보호협회 홈페이지를 참고하면 된다. (www.koreacpa.org, 작물보호제지침서 페이지)

병균으로 인한 피해

흰가루병

잎과 꽃에 흰 가루를 뿌려놓은 것처럼 보이는 병으로, 특히 장미, 수국 등에서 흔하게 발견된다. 절화 장미에서도 곧잘 발견되는데, 꽃 작업을 위한 꽃 정리 과정에서 절화 장미의 흰가루병이 분화로 옮는 경우도 종종 있다. 흰가루병은 곰팡이병이므로 살균제를 뿌려주면 비교적 쉽게 대응이 가능하다.
→ 약제 : 베노밀(분말), 다이센엠-45(분말) 등

탄저병

잎에 갈색 반점이 크게 생기고 퍼져나가는 증상이 발견되면 탄저병을 의심해 봐야 한다. 주로 장마철에 잘 생기는데 일단 발병하면 식물의 상품성이 급격히 떨어진다. 역시 곰팡이병이므로 살균제를 이용해서 치료한다.
→ 약제 : 흰가루병 약과 동일

줄기무름병, 뿌리썩음병

선인장, 다육식물, 일부 허브류에 주로 여름, 겨울에 발생하는데 원인균은 다양하다. 일단 발병하면 자연 치료는 거의 불가능하고 급속도로 퍼진다. 치료가 쉽지 않으므로 식물 구매 시 세심히 관찰하고 살균제를 미리 살포하여 예방하는 게 가장 좋은 방법이다.
→ 약제 : 베노밀(분말), 다이센엠 45(분말) 등

식물의 건강식품, 비료 주기

실내에서 화분에 담겨 자라는 식물은 실외에서 자라는 식물과 달리 공급받을 수 있는 양분이 광합성을 통한 것을 제외하고는 화분 속에 있는 토양에 한정된다. 특히 실내용으로 만들어진 혼합토에는 식물이 건강하게 잘 자라고 꽃

을 피우기 위해서 필요한 요소들이 부족한 경우가 많아서 식물을 제대로 키우고 싶다면 시비(비료를 주는 것)를 간과해서는 안 된다.

대표적인 비료의 원소를 살펴보면 잎비료라고도 부르고 식물의 생장에 주로 관여하는 질소, 꽃비료라고도 하는 꽃과 열매에 관여하는 인, 그리고 식물을 전체적으로 튼튼하게 하는 칼륨의 3대 요소와 마그네슘, 칼슘 등이 있다.

비료는 크게 동·식물질의 비료로 효과가 천천히 나타나는 대신 효과가 오래가는 유기질 비료와 효과가 빠르고 간편하게 사용할 수 있도록 만들어진 화학비료인 무기질 비료가 있다. 형태로 보면 일반 가정에도 많이 사용하는 앰플형 비료, 액체 비료(희석용)와 같은 액체형 비료와, 입자형 비료, 고형 비료 등으로 나뉜다.

입자형 비료

작은 알갱이 형태로 화분 위에 얹어 놓으면 서서히 녹는다. 눈에 띄는 색상으로 되어 있어 없어질 때쯤 보충해주면 된다. 마감프 K, 오스모코트를 비롯해 다양한 제품들이 있는데, 제품에 따라 질소, 인, 칼륨, 마그네슘 등의 비율이 다르므로 포장에 표기되어 있는 비율을 확인한 후 목적에 맞는 것을 선택한다.

액체형 비료

희석해서 사용하도록 나온 농축 액체 비료와 희석해서 판매하는 앰플형 화학비료가 있다. 농축 액체 비료는 하이포넥스 액체 비료, 북살 등이 많이 알려져 있고, 물을 줄 때 물에 타서 주거나 잎에 직접 뿌리는 엽면시비(잎에 비료 주기)를 한다. 앰플형 타입은 다양한 가격대의 비슷한 기능을 하는 제품들이 많이 나와 있는데 이들 역시 비료의 성분비를 확인하고 필요한 용도에 맞춰 사용하도록 한다.

고형 유기질 비료

유기질 비료는 식물성과 동물성으로 나뉘는데, 실내에서는 냄새가 다소 덜한 식물성 비료를 주로 사용한다. 주로 식물 종자의 기름을 짠 후 남는 잔여물을 이용해서 만든 유기질 비료이다 보니 다른 화학비료보다 효과가 더디게 나타난다.

식물에 영양을 공급하고 토양을 개선하는 측면에서는 분명 유기질 비료가 좋기는 하지만, 실내용 식물은 대부분 식용이 아니라 보고 즐기는 게 목적이므로, 냄새가 나거나 벌레가 꼬이는 등의 문제가 없는 화학비료인 무기질 입자형 비료나 액체 비료를 사용하는 게 편리하다.

비료는 식물의 휴면기인 겨울을 제외한 봄부터 초가을 사이에 주는 게 좋은데, 겨울철에도 난방이 되어 식물이 휴면하지 않는 환경이라면 계속 줘도 무관하다. 그리고 비료를 사용할 경우에는 절대로 정량 이상으로 과하게 주면 안 된다. 물이든 비료든 햇빛이든 과한 것은 안 주느니만 못하기 때문이다.

왜 내 식물은 꽃이 안 필까?

처음 살 때는 분명 꽃이 있었는데 집에서 몇 년을 키우는 동안 꽃을 볼 수가 없다는 하소연을 종종 듣곤 한다. 좋은 흙에 분갈이도 하고 물도 잘 줘서 살 때보다 더 튼실하고 건강해졌는데 왜 꽃이 피지 않느냐는 것이다. 그 이유는 식물마다 차이는 있지만, 꽃이 피는 데 필요한 요건이 충족되지 않았기 때문이다.

꽃이 피는 식물을 보면, 꽃을 피우기 위해 충분히 빛을 봐야 하는 식물(장일식물), 낮의 길이가 짧아져야 꽃눈이 형성되는 식물(단일식물)과 식물체 내에 탄수화물 성분이 질소 성분보다 많을 때 개화를 하는 식물(중일식물)로 나눌 수 있다. 즉, 식물들은 개화에 필요한 빛의 양이 적절하지 않거나 식물체 내의 탄수화물 성분이 충분히 축적되지 않으면 꽃을 피우지 않는다.

또한 겨울이 존재하는 온대지방 식물의 경우에는 온도도 변수이다. 우리나라 같은 온대기후에서 자라는 식물은 실내로 들여오면 꽃이 피지 않는 경우가 많은데, 이는 온대지방 나무들의 생리와 연관이 깊다. 이 지방의 나무들은 봄부터 여름까지 잘 성장하다가 가을이 되면 단풍이 들며 잎을 떨어뜨리고, 추운 겨울 동안 앙상한 가지로 버텨낸 후 봄이 되면 화사하게 꽃을 피운다. 이는 온도의 변화가 개화에 영향을 미치기 때문인데 실내로 들인 온대산 식물들은 저온을 겪지 않기 때문에 노지에서처럼 꽃을 피우지 못하는 것이다.

동·서양란이나 알뿌리식물도 저온 부분에서 유사한 메커니즘을 갖고 있는데(온도 차이는 다소 있지만) 여기에 추가적으로 꽃눈이 생기는 시기의 '햇빛의 양'과 '건조'도 영향을 주는 요인이 된다. 이처럼 식물마다 꽃을 피우는 메커니즘이 다르기 때문에, 본인이 키우는 식물이 어떤 개화 특성을 갖고 있는지 정확히 알면 매년 큰 어려움 없이 아름다운 꽃을 즐길 수 있다.

건강한 식물을 고르는 법

일반적으로 원예 서적들을 보면 건강한 식물을 구입하는 요령으로 다음과 같은 가이드라인을 제시한다. 잎 색이 선명하고 윤기 나는 것, 잎 수가 많고 줄기가 튼튼한 것, 뿌리가 잘 내린 것, 꽃망울이 많은 것, 웃자라지 않은 것, 병해충이 없는 것을 골라야 한다는 것이다. 다 맞는 말이지만 다 틀린 얘기이기도 하다. 싱싱한 절화 고르기만큼이나 건강한 식물 고르기도 글로만 배울 수가 없고, 직·간접적인 경험이 따라줘야 한다. 심지어 수년간 식물을 구매하고 관리해온 〈가드너스 와이프〉 멤버들도 가끔 실수를 할 정도이니 경험이 부족한 소비자나 플라워숍을 오픈한 지 얼마 안 된, 숙련되지 않은 주인의 시행착오는 불 보듯 뻔하다. 그래서 다소 추상적으로 보일 수 있지만, 그동안의 경험으로 느꼈던 부분을 정리해보았다.

첫째, 도매시장에 의존하지 말고 스스로 공부하라. 분화 도매시장은 경매를 통하거나 농장에서 매입한 분화를 대량으로 유통하기 때문에 그 식물을 오랜 시간 두고 키우는 경우가 거의 없다. 농장에서 갓 출하되거나 경매를 통해 반입된 식물을 대량으로 바로 반출하다 보니, 의외로 취급하고 있는 식물에 대한 이해도가 떨어지는 경우도 있다. 이는 플라워숍에서 싱싱한 상태의 꽃을 판매하고, 많이 핀 꽃들은 바로 버리기 때문에 플로리스트가 판매한 꽃이 종국에 어떻게 시들어가는지 잘 모르는 경우와 비슷하다. 그리고 도매시장의 매장 주인이 많이 알고 있다고 하더라도 정신없이 돌아가는 도매시장에서 충분한 정보를 얻어내기도 쉽지 않다.

이를 방지하려면 내 매장에서 판매하는 식물에 대해 스스로 공부하는 수밖에 없다. 원예식물도감을 구비해서 잘 모르는 식물이 있을 때마다 하나하나 확인하고, 시간이 다소 걸리더라도 가능한 한 많은 식물을 직접 키워보면서 어떻게 성장하고 어떤 문제가 생기는지 직접 경험하면 고객이 구매했을 때나 문의해올 때 상세히 알려줄 수 있다.

둘째, 식물의 상태뿐만 아니라 매장 역시 깔끔하게 잘 정리된 곳에서 구입하라. 도매시장에 가면 비슷한 종류의 분화를 판매하는 매장이 여러 군데 있고, 가격이 일부 차이가 나기도 한다. 나의 경우를 이야기하자면, 몇몇 오래 거래하는 매장은 다른 곳보다 비싸더라도 꼭 그곳에서 식물을 산다. 그 매장들의 공통점을 보면 매장이 전반적으로 깨끗한데 자연히 재고로 보유 중인 식물들의 상태도 평균 이상인 경우가 많기 때문이다. 결국 도매시장이든 소

매 플라워숍이든 식물들의 관리 상태 역시 주인의 성격을 따라간다고 생각하면 크게 틀리지 않다.

셋째, 비싼 건 다 이유가 있다. 도매로 식물을 구매하는 입장에서는 분화를 한두 개 사는 게 아니므로 몇백 원의 가격 차이에도 민감할 수밖에 없다. 그런데 비싼 상품이 제값을 한다. 같은 품종이라고 하더라도 더 좋은 종자로 재배하고 심하게 촉성재배(단기간에 빨리 재배)를 하지 않았기 때문에 분화의 품질은 급하게 재배한 것보다 좋을 수밖에 없다. 특히 초화류가 이런 경우가 많은데 농장에서 갓 출하된 상품은 비슷하지만 제대로 재배한 곳의 분화는 그렇지 않은 것보다 꽃이 훨씬 오래간다. 몇백 원의 차이가 재고 손실을 줄이고 고객의 만족도를 높여 긍정적인 매출 사이클을 만들어낼 수 있다.

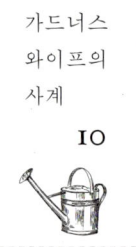

가드너스
와이프의
사계
10

gardener kang says,
이름 덕을 톡톡히 보는 식물들

"어머, 이름이 천사의 눈물이라는데? 귀엽게 생겼다."
"저 나무는 해피트리래. 사무실에 하나 둬볼까?"
"타라, 어디서 많이 들어본 것 같지 않아? 화분도 예쁜데 하나 사갈까?"

점심시간을 맞아 산책하던 여성들이 플라워숍 앞에서 나누는 이야기가 매장 문틈 사이로 들려온다. 미니 칠판에 적어놓은 예쁜 이름이 눈길을 끈 것이다. 사람도 그렇듯, 식물도 예쁘거나 기억하기 쉬운 이름에 시선이 한 번 더 가기 마련이다. 여기에 이름에 걸맞은 외모까지 갖춘다면 금상첨화.

식물은 여러 가지 이름을 갖고 있다. 실내에서 쉽게 키울 수 있으며 관리가 어렵지 않은 '타라'는 '필레아 글라우카Pilea glauca, 실버 스프링클스Silver sprinkles'라는 이름도 갖고 있다. 플라워숍에서 주로 불리는 이름 타라—영화 〈바람과 함께 사라지다〉의 여주인공 스칼렛의 고향과 같은 명칭—는 소위 유통명(시장명)이다. 다소 골치 아픈 두 번째 라틴어 이름은 학명, 마지막 영어

타라   천사의 눈물

이름은 이 식물의 일반명 common name이다. 그런데 만일 이 식물이 〈바람과 함께 사라지다〉 속 '타라의 테마'라는 명곡을 떠올리게 하는 이름이 아니라 '필레아 글라우카'라는 이름을 가졌다면 지금처럼 주목받을 수 있었을까?

덕을 보는 또 다른 식물, '천사의 눈물'은 국내명인 '또래기'나 '솔레이롤리아 솔레이롤리 Soleirolia soleirolii'라는 골치 아픈 이름도 갖고 있다.

식물의 학명(속명+종명)에는 그 식물의 원산지나 특성을 알려주는 힌트가 있어, 학명으로 유통된다면 더욱 정확한 정보가 제공되겠지만, 발음하기도 힘든 라틴어 학명을 외우기 어렵다 보니, 해당 식물의 유통단계나 구매자 사이에서 새로운 이름이 자연스레 만들어지는 것이다. 그러다 식물의 이름을 어떻게 지었느냐에 따라 판매량이 좌지우지되는 일이 많아지자, 어떤 유통업자들은 식물의 실제 이름과 전혀 상관없는 다소 무리한 작명을 하는 경우도 왕왕 있다. 특히 많이 붙여지는 이름이 '천사' 시리즈인데, 전혀 천사 느낌이

나지 않는 식물에 '천사의 ○○'라는 이름을 붙여서 유통되는 걸 보면 헛웃음이 나오기도 한다.

   식물의 인기는 유통단계에서 만들어지는 이름일 수도 있지만, 사실 그 이름과 해당 식물의 외양이나 성격이 어울려 대중에게 잘 각인될 때 생겨난다. 숍 주인이기 이전에 가드너로서 식물이 유통될 때 붙여지는 이름뿐만이 아니라, 그 식물에 대한 정확한 정보를 담은 이름이 함께 알려져 제대로 된 관리를 받으며 예쁘게 자랄 수 있는 환경, 그리고 이름과 상관없이 식물 자체를 사랑하는 문화가 생기길 바란다.

식물의 학명에 대해 알아보자

중고등학교 시절, 생물 시간에 줄기차게 외웠던 '종속과목강문계'를 기억하는지? 생물을 분류하는 기준으로 만들어진 분류군인데, 종^{species}이 제일 작은 단위이고 계^{regnum}가 제일 큰 단위로, 종<속<과<목<강<문<계로 구분된다. 식물의 이름(정확히는 학명)은 식물학자 린네$^{Carl\ von\ Linné,\ 1707\sim1778}$가 제창한 '속명+종명'의 이명법으로 불리며 전 세계에서 공통적으로 사용한다. 예를 들어, 우리가 꽃식물로 흔하게 접하는 칼랑코에의 원래 이름은 칼랑코에 블로스펠디아나$^{Kalanchoe\ blossfeldiana}$인데, 외국에서 도입된 품종이라 우리식 이름이 없다 보니 학명에서 속명인 '칼랑코에'만 빌려서 부르고 있다. 칼랑코에속에 속하는 100여 종 이상의 다른 식물들은 대중이 이 식물을 칼랑코에속의 대표 주자로 선택해버렸으니 억울해도 방법이 없다.

최근 들어 신종 칼랑코에라고도 불리는 칼란디바도 식물의 학명, 칼랑코에 블로스펠디아나 칼란디바$^{Kalanchoe\ blossfeldiana\ cv.\ Calandiva}$를 보면 소위 칼랑코에라고 불리는 식물에서 나왔고, 이의 재배종(cv.=cultivar)이라는 것을 알 수 있다.

칼란디바

CHAPTER 11

식물과 플랜터의
디자인 매칭

가드너 강세종

플랜터에 따라 식물의 가치가 달라진다

최근 들어 식물을 심는 용기를 뜻하는 용어로 플랜터, 컨테이너 등의 외래어들이 많이 사용된다. 사실 화분이라고 부를 때보다 좀 더 그럴 듯해 보이려는 의도도 있지만, 기존에 사용하던 평범한 화분들과 비교했을 때 더 다양한 재료와 형태로 제작되고 혁신적인 디자인의 제작물들이 소개되면서, 기존의 화분과 차이를 두는 의미에서 이런 용어들을 사용하는 경향이 생긴 듯하다. 그만큼 화분과 식물의 디자인 매칭이 중요하게 부각되었으며 플라워 디자인만큼이나 이를 잘 살리는 플라워숍은 감각적인 점포로 주목받을 수 있다.

〈가드너스 와이프〉도 창업 초기부터 독자적인 플랜터 확보를 위해 많은 노력을 기울이다 2011년부터 국내에서 화분을 제작했다. 해외 시장조사를 여러 차례 해보니 우리만의 화분과 화기를 가지는 것이 차별화의 중요한 핵심임을 느꼈기 때문이다.

국내 외주 제작이므로 아무래도 중국이나 베트남산 화분보다 단가가 높고 설비 투자가 필요했지만, 우리가 원하는 형태와 색감의 화분을 다품종 소량

가드너스 와이프 제작 화분 ⓒ 시그니처 그린

생산하기 위해서는 감수해야 할 부분이었다. 많은 시행착오 끝에 10여 가지 디자인의 세라믹 화분을 자체 생산하고 있고, 토분에 이르기까지 범위를 점차 확장해나가고 있다.

앞에서 식물을 키우는 데 필요한 각종 기본기를 익혔으므로, 이번 장에서는 식물과 플랜터 디자인의 매칭에 따라 식물을 더욱 돋보이게 하는 몇 가지 기본적인 방법을 살펴보고자 한다.

어떤 소재의 플랜터를 선택할까?

과거에는 식물을 선물할 때 받는 이의 취향이나 식물을 두는 곳의 내부 인테리어와 상관없이 같은 가격이면 더 커 보이는 식물에, 선물하는 이의 이름을 크게 적어넣은 화려한 리본을 달아서 보내곤 했다. 하지만 최근 들어서는 이런 선물이 오히려 짐이 된다는 인식이 어느 정도 자리 잡았는지, 받는 사람의 취향, 인테리어 등을 체크한 다음, 그에 가장 적합한 색상, 크기의 식물과 플랜터를 선택해서 선물의 효과를 극대화하곤 한다.

선물뿐만 아니라 내가 일하고 거주하는 환경에 식물을 들일 때에도 먼저 그 식물이 어떤 형태로 자라는지, 식물 및 인테리어에 잘 어울리는 플랜터의 색상과 재질은 어떤 게 좋을지, 다소 무겁더라도 내구성 있는 플랜터를 선택할 것인지, 아니면 내구성이 다소 떨어지더라도 가벼운 것을 선택할 것인지 등 고려해야 할 요소들이 많다. 플랜터와 식물을 어떻게 매치시킬 것인지 세세한 부분은 뒤에서 실제 사례를 통해 자세히 소개하기로 하고 먼저 플랜터의 소재부터 알아보자.

세라믹(도자기)분

가장 흔하게 사용하고 쉽게 접할 수 있는 플랜터로 백토(고령토)로 만든 후 유약을 바른 것이다. 다른 화분보다 상대적으로 가볍고 유약을 바르지 않은 것들보다 강도가 높으며 다양한 색상과 형태의 제품이 있다. 화분용은 흙이 스며 나오는 것을 막거나 강도를 높이기 위해 바깥쪽에만 유약을 바르는 경우가 많고, 화기(꽃꽂이)용은 안쪽까지 유약이 발라져 있고 대부분 배수구멍이 없다. 식물을 키운다면 유약이 바깥쪽에만 발라져 있고 배수구멍이 있는 것이 더 좋고, 화기용을 화분으로 사용한다면 도구를 이용해서 배수구멍을 낸 다음 이용하는 게 좋다. 유약이 발라져 있기 때문에 토분에 비해서는 수분 배출이 느리다.

테라코타분

점토(주로 청자토)를 구워서 만든 플랜터로 내추럴한 질감이 표현되는 장점이 있다. 최근에는 다양한 색상의 유약이 발라진 것들도 소개되고 있는데, 세라믹분에 비해 좀 더 자연스러울 뿐만 아니라 고급스럽고 통기성도 좋아 실내, 실외용으로 두루 인기가 높다. 무겁고 세라믹분보다 잘 파손되기 때문에 보관에 주의해야 하는 것이 단점이다.

    토분은 국내산, 중국산, 이태리산, 독일산 등이 유통되고 있는데, 각기 나름의 특징과 매력이 있어 식물과 인테리어에 매칭하면 효과적인 연출이 가능하다.

목재분

나무는 식물과 어떻게 보면 한 몸처럼 보일 정도로 자연스러운 느낌을 준다. 상대적으로 가공이 용이하기 때문에 다양한 형태로 제작이 가능하며 오염을 막는 스테인(착색제)이나 페인트를 이용해서 인테리어에 어울리는 색상을 입힐 수도 있다. MDF나 PB 등의 합성목은 물에 취약하므로 사용하지 않는 게 좋고, 원목은 나무 자체의 수축과 팽창 때문에 물이 닿으면 변형의 위험이 높다. 따라서 수분으로 인한 변형 및 부패를 막기 위해 방수제 및 방부제를 이

용한 지속적인 관리를 잊어서는 안 된다. 방부목으로 만들어진 플랜터의 경우 인체에 유해한 방부도료 등이 사용된 것들이 있으므로 실내 사용 시 유의해야 한다. 나무에 방수 처리를 하지 않고 안쪽에 비닐을 덧댈 경우 비닐로 인해 곰팡이가 슬거나, 뿌리가 자라면서 비닐에 구멍을 내 방수 처리가 안 된 나무가 부식될 수도 있다.

금속분 등

모던한 느낌을 주는 플랜터를 원한다면 금속분이 적합할 수 있다. 스테인리

가드너스 와이프 제작 화분 ⓒ 시그니처 그린

스, 동도금, 아연도금철판 등을 이용한 플랜터들은 튼튼하면서 공간을 고급스러운 이미지로 연출해준다. 그런데 금속 소재의 경우 표면에 스크래치가 생기면 회복이 안 되고 물에 지속적으로 노출되면 부식 등의 문제가 생긴다. 높은 열전도율로 주변 온도에 민감한 단점도 있어 금속분을 사용할 경우 주의가 필요하다.

석재분, 합성재료분

현무암, 화강암, 대리석 등 다양한 석재는 강도가 높고 석질에 따라 다양한 느낌을 연출할 수 있어서 인테리어 자재뿐 아니라 플랜터로도 많이 활용되고 있다. 자연에서 나온 소재이기 때문에 기본적으로 자연스럽지만 가공 방법에 따라 모던한 느낌의 인테리어에도 잘 어울린다. 무게가 많이 나가고, 다공성 석재로 만들어진 플랜터의 경우 방수가 잘 되지 않는 단점이 있다.

한편, 석재분의 단점을 보완하면서 비슷한 느낌을 내는 합성재료분도 많은 인기를 끌고 있는데, FRP, 시멘트, 레진, 종이 등 다양한 조합으로 나오고 있다. 시멘트 화분은 예외이긴 하지만, 대부분 파손에 강하고 페인팅 등을 통해서 다른 느낌으로 연출할 수 있는 장점도 있다. 석회가 들어가 있는 플랜터의 경우 물에 의해 변성이 일어나지 않는, 내부가 코팅된 제품을 사용하는 게 좋다.

플랜터의 색상

공간에 적합한 식물을 골랐고 그 식물을 더 돋보이게 하는 플랜터의 재질을 선택했다면 그 다음으로 식물을 돋보이게 하기 위한 색상을 선택해야 한다.

화이트와 블랙

백과 흑, 흑과 백은 결코 쉬운 조합은 아니다. 하지만 흑과 백은 그 채도만큼이나 분명한 결론을 내어준다. 특히 광이 없는 매트한 흑과 백은 공간의 품격을 높여준다.

회색

난색이나 한색의 중간색이라 뉴트럴 계통의 컬러라고 칭하는 회색은 애매모호한 색상 같지만 오히려 어떤 것과도 잘 어울리는 장점을 갖고 있다. 주로 모던한 공간에 잘 어울리며 스스로 튀지 않기 때문에 전통적인 공간에서도 큰 어려움 없이 묻어간다. 이는 식물과의 조합에서도 마찬가지다. 식물이 어떤 색상이더라도 회색 계열의 플랜터는 자신의 존재를 드러내지 않으면서 식물의 특징을 잘 드러낸다.

유사색과 보색

식물이 실내외 공간에서 포인트가 될 수 있도록 색상 있는 플랜터를 고르는 작업은 일반 소비자뿐만 아니라 전문가도 많이 고민되는 부분이다. 색상을 선택할 때 크게 실패하지 않는 방법은 플랜터를 식물과 유사한 색상으로 맞추는 것이다. 식물과 플랜터에 공통적인 색깔이 있다면 식물이 돋보이지 못할 수는 있지만, 대신 눈을 피로하게 하거나 플랜터만 튈 우려는 덜하다.

색상환

만일 색상 있는 식물을 눈에 띄게 하고 싶은데 어떤 색상의 플랜터를 매치해야 할지 잘 모르겠다면, 중고등학교 미술시간에 배웠던 색상환을 떠올려 보자. 보색은 색상환에서 반대 위치에 있는 색으로 함께 있으면 서로의 색상이 돋보이게 해준다. 식물의 색상과 보색 관계에 있는 플랜터를 선택하면 식물의 색상을 강조하는 효과를 연출할 수 있고 공간에 생기를 줄 수도 있다.

전통적인 분위기의 플랜터를 이용한다

우리나라의 전통적인 느낌을 연출하고 싶다면 식물과 플랜터 어느 한쪽에만 적용할 것이 아니라 식물과 플랜터 둘 다 전통적인 느낌이 있는 것들을 선택해야 한다. 이를 위해서는 소담한 우리 꽃, 한국적인 느낌을 주는 식물을 선택하고, 플랜터는 기왓장, 옹기 등을 이용하며, 여기에 추가적으로 식물과 플랜터를 돋보이게 하는 첨경물添景物을 이용하는 것도 효과적이다.

색 감각이 떨어지는 사람이라도 유사색을 플랜터에 접목시키면 실패를 줄일 수 있다.(왼쪽)
사진 속 에피덴드럼(오른쪽)을 보면 보색인 플랜터를 이용할 때 꽃이나 잎의 색상이 훨씬 더 돋보임을 알 수 있다.

전통적인 느낌을 연출하는 식물과 플랜터는 모던한 공간에도 잘 어울리는 장점이 있어 인기가 높다.
왼쪽은 한국적인 플랜터에 심은 시페루스속 식물들과 워터코인(앞쪽 플랜터에 식재된 작고 동그란 잎의 수생식물).
오른쪽의 철석장 철화는 오묘한 질감과 라인이 전통적인 토기와 멋진 조화를 만들어내고 있다.

수생식물과 옹기분

태양이 작열하는 뜨거운 여름에도 신선한 초록색을 유지하고, 찰랑거리는 물이 청량감을 주는 수생식물은 어느새 식물 애호가들의 여름 나기 식물로 자리 잡았다. 수생식물은 그 자체가 모던한 분위기를 내기도 하지만 전통 옹기와도 잘 어울린다. 식물의 높낮이로 재미를 연출하는 시페루스속의 식물들과 워터코인은 관리도 비교적 쉬워서 빛이 잘 드는 실내에서도 어려움 없이 즐길 수 있다. 마치 현대와 전통이 공존하는 삼청동처럼 모던한 실내 인테리어에서 전통적인 느낌을 주는 특별한 공간을 연출하기에 좋다.

다육식물 철화와 토기

다육식물은 단독으로 혹은 모아 심기 형태로 다양한 플랜터에 심을 수 있는 재미가 있다. 종류에 따라 차이는 있지만 대부분 전통적인 플랜터와도 잘 어울리는 편이다. 그중 특히 생장점의 변이로 만들어지는 철화는 그 특이한 형상 때문에 수집가들의 많은 사랑을 받고 있으며 전통적인 플랜터와 완벽한 궁합을 보여준다.

식물을 모아 심으면 특별한 느낌이 난다

다육식물처럼 크기가 작은 식물들을 모아 심으면 초소형 정원의 느낌을 연출할 수 있어 실내에 정원을 들인 듯한 분위기를 자아낸다. 여기에 개성 있는 플랜터까지 추가하면 하나의 작품 만들기처럼 즐거운 작업이 된다. 식물 모아 심기에는 같은 종류로 심기와 다른 종류로 심는 두 가지 방법이 있다. 같은 종류로 심으면 관리상의 편리함과 함께 시각적으로도 통일감을 주는 반면, 다른 종류로 심으면 식재 및 관리 방법에서도 구분이 필요하지만 디자인의 다양성이 주는 즐거움이 있다.

 그런데 플랜터에 식물을 모아 심는 것에는 많은 주의가 필요하다. 각각의 식물마다 물, 햇빛, 토양 등 관리 요구도가 다르고, 특히 꽃식물과 잎보기 식물의 경우 처음의 예쁜 모습이 몇 주 지나지 않아 엉망이 되는 경우도 곧잘 생기기 때문이다. 그래서 정기적으로 식물을 교체할 수 없거나 단기적으로 시각적인 효과를 연출하는 게 목적이 아니라면 너무 많은 종류의 식물을 모아 심는 것은 그리 추천하고 싶지 않다.

한 종류의 식물로 모아 심기

한 가지 종류로만 모아 심기는 서로 다른 종류를 섞어 심었을 때 생기는 관리상의 문제를 해결해줄 수 있다. 이때 동일한 식물을 모아 심어 생기는 밋밋한 느낌은 돌이나 장식 소품 등을 이용해서 변화를 주는 것이 좋다.

다른 종류의 식물로 모아 심기

다육식물은 충분한 빛이 주어지는 환경인 경우, 일부 강한 광선을 버티지 못

다육식물 입전과 아악무 그리고 화산석을 이용한 합식.

하는 종을 제외하면 관리 속성이 크게 다르지 않고 성장속도가 느려 모아 심기를 해도 쉽게 망가지지 않는다. 또한 상대적으로 뿌리가 깊지 않아 높이가 낮은 플랜터에 합식 후 실내 공간에 두기에도 편리하다. 단, 빛이 부족한 실내에서 키워야 하는 상황이라면 상대적으로 웃자람이 심하지 않은 종류의 다육식물을 선택하고 앞으로의 성장을 감안하여 지나치게 많은 수를 빽빽하게 모아 심는 것은 피하는 게 좋다.

꼭 플랜터가 필요한 것은 아니다

착생식물인 틸란시아와 행잉식물의 유행은 새로운 형태의 플랜터를 만들어 내고 있다. 특히 틸란시아는 토양에 심지 않기 때문에 돌, 나무, 철재 등 다양한 소재 및 형태의 제품을 이용한 연출이 가능하다. 다육성 틸란시아인 세로그라피카의 경우 구불구불 흘러내리는 잎을 상하지 않게 함과 동시에 라인을 살리는 연출은 플랜트 스탠드를 함께 함으로써 가능하고, 이오난사, 준세아를 비롯한 잎이 얇은 틸란시아는 원목나무판이나 유리제품, 유목, 철사 등을 이용해서 다양한 연출이 가능하다.

또한 대표적인 행잉식물인 박쥐란을 유목에 착생시켜 걸거나, 마끈이나 가죽끈 등으로 만든 화분걸이를 이용하면 흘러내리는 속성의 식물을 더욱 멋지게 연출할 수 있다. 다소 전문적인 기술이 필요한 부분이지만 이끼볼을 고리에 걸어 늘어뜨리는 것 역시 공간에 포인트가 될 수 있다.

철제 스탠드에 올린 틸란시아 세로그라피카.(왼쪽)
어떤 화분이든 마크라메 행거에 걸어서 천장에 고정하면 멋진 플랜테리어가 된다.(오른쪽)

재조명되는 서양란의 매력

상대적으로 수명이 짧은 생화와 외형적으로 화려하지 않은 동양란 대신 인기를 끌고 있는 서양란. 요즘은 품종도 다양해졌고 과거에 관행적으로 이루어지던 크기 위주의 모아 심기에서 벗어나 다양한 소재의 플랜터와 만나 새롭게 탄생하고 있다. 서양란은 은근하면서도 우아한 멋이 있는 식물이라 이에 맞춰 플랜터를 매치하면 키우는 사람의 품격까지 전해지는 매력이 있다.

국내에서 많은 이들이 서양란으로 인식하고 있는 호접란(팔레놉시스)을 비롯하여, 그동안 소외되었던 카틀레야, 반다, 덴드로븀, 파피오페딜룸 등의 품종들도 인지도를 높여가고 있다.

서양란은 생육조건 중 통풍이 중요하기 때문에 플랜터의 선택 시 통풍과 배수성을 반드시 고려해야 한다. 아무리 멋진 플랜터라도 대부분 착생란인 서양란의 특성상 생육에 적합하지 않은 것을 선택하면 안 된다.

서양란은 다양한 플랜터와 만나 우아한 아름다움부터 캐주얼한 느낌까지 다양하게 연출할 수 있다.

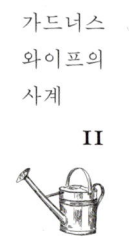

가드너스
와이프의
사계
II

gardener kang says,
크리스마스 시즌과 한 해 마감하기

지나가는 사람을 붙잡고 크리스마스 하면 어떤 컬러가 떠오르느냐고 물으면 십중팔구 붉은색을 이야기하지 않을까? 그 이유가 종교적이든 혹은 상업적이든 붉은색은 연말 시즌을 대표하는 컬러로 사람들의 머릿속에 자리 잡았기 때문이다.

플라워숍에서도 예외는 없다. 12월이 되면 붉은색을 테마로 하는 다양한 플라워 어레인지먼트와 트리 장식용 소품들, 그리고 포인세티아Euphorbia pulcherrima의 판매가 늘어나기 시작한다. 포인세티아는 레드, 핑크, 옐로 등 다양한 컬러가 있고, 최근에는 작고 귀엽게 만들어져 출시되는 등 다양한 품종이 소개되고 있다.

그런데 포인세티아가 크리스마스의 꽃으로 생각되는 이유는 특유의 붉은색 때문이지 출시되는 시기와는 별 상관이 없다. 특히 붉은 부분은 꽃이 아니라 잎이 특이한 형태와 컬러로 변화한 것으로, 전문 용어로는 포엽苞葉이라

고 부른다. 포인세티아는 국화, 코스모스 등과 함께 낮의 길이가 짧아지는 가을이 되면 포엽의 색상이 붉게 변한다. 따라서 도매시장에서는 9~10월부터 출하되고, 11~12월에 성수기를 겪은 후 크리스마스가 지나면 도매시장에서 모습을 감추게 된다.

그리고 정말 중요한 점은 포인세티아는 멕시코 원산의 식물로 저온에 상당히 약하다는 것이다. 그런데도 카페나 레스토랑에서 11~12월에 크리스마스 분위기를 연출하겠다며 밖에 내놓았다가 포인세티아가 얼어 죽는 안타까운 경우를 매년 보게 된다.

한 해 내내 플라워숍과 스쿨을 운영하면서 바쁘게 지내느라 세월 가는지 모르다가 도매시장에 나온 포인세티아를 보면 '아, 올 한 해도 다 갔구나!' 하는 아쉬움이 들곤 한다. 왜냐하면, 해마다 포인세티아가 등장하는 시기가 하반기이기도 하지만 그때부터 연말까지 정말 바빠질 것이기 때문이다. 특히 11

월과 12월은 공연, 연말 모임, 시상식, 크리스마스, 퇴임식, 승진 발표 등이 이어지면서 숨 쉴 틈 없는 하루하루가 계속되고, 그러다 보면 어느새 12월 말이 되고 또다시 한 해를 맞이하는 순간이 부지불식간에 찾아온다.

〈가드너스 와이프〉를 오픈한 순간부터 지금까지 앞만 보고 달리다 매년 이처럼 당황스러운 연말을 맞이하면 가끔 회환이 몰려오기도 한다. 새벽잠을 설쳐가며 도매시장에 들르고, 하루종일 숍과 스쿨에 전력하다 저녁 늦게 퇴근하는 생활을 반복하다 보니 부부 사이에 마음속으로 서로 고마움을 느끼고 표현하고자 마음을 먹지만 어느새 밀려드는 주문과 레슨에 밀려버리기 일쑤이다.

사실 이러한 일은 비단 부부 사이에서만이 아니라 부모님께도 해당되는 이야기이다. 1년 중 단 하루, 부모님께 공식적으로라도 감사한 마음을 전하는 어버이날조차 고객들의 부모님을 챙기느라 정작 우리 부모님께는 정성 어린 꽃다발 한 번 제대로 챙겨드리지 못했다. 분명 우리 부부가 좋아하고 있는 일을 하고 있고, 또 험난한 여정 속에서도 이루어가고 있는 바에 대한 성취감과 계획하는 일에 대한 기대도 크지만 종종 그 분주함 속에 잃어버린 여유와, 가족과 주변 사람에 대한 부족한 배려는 언제나 가슴속에 미안함으로 남는다.

한편으로 현재 〈가드너스 와이프〉와 함께하는 스태프들의 노력, 가족과 주변 지인들의 지원과 응원이 있었기에 이만큼 성장하고 발전해올 수 있었고, 더 나아가 소박하지만 가슴 뛰게 하는 꿈을 꿀 수 있다는 것을 잘 안다. 그렇기에 미안함 이상으로 진심으로 감사하다.

나만의 숍을 가진다는 것, 그리고 그 가게를 잘 운영해나간다는 것은 결코 쉬운 일이 아니다. 우리 부부 역시 매일매일 치열한 싸움을 하고 있다. 하지만 그 어려움 속에서도 희망을 가질 수 있는 것은 우리의 진심이, 진정성이 고객들에게 전달되고 있다는 점이다. 되돌아보면 그렇다. 어떤 순간이든, 어떤 상황이든 진심을 담는 것, 그리고 치열하게 이 현장을 경험하는 것, 그것이 지금의 우리를 만들어왔다. 그리고 어쩌면 그것이 나만의 가게를 가진다는 의미일 것이다.

2012년 출간 당시 〈가드너스 와이프〉의 10주년이 되는 시점에 우리가 어떻게 변해 있을지 질문을 던졌었다. 막상 10년을 맞이한 지금, 그간의 변화를 돌이켜보면 당시 꿈꿨던 부분을 이룬 것도 있고 진행중인 것도 있다. 물론 포기한 것도 있고. 그런데 분명히 말할 수 있는 것은 구체적인 목표를 세워야만 한다는 것이다. 돌이켜보면 당시 구체적인 계획을 가졌던 부분이 그렇지 못한 부분보다 더 좋은 결과를 낳았다.

10주년을 맞은 올해, 처음에 가졌던 '10년 가는 가게를 만들어보자'는 한 가지 꿈이 이루어졌다면, 이제 다음 10년을 어떻게 만들어갈지 계획을 세우고 실천해나가야 한다. 그런 시점에 『올 어바웃 플라워숍』의 개정판을 내게 된 것은 우리에게 무척 의미 있는 순간임에 틀림없다.

이 개정판이 플라워숍, 가드닝숍을 준비하는 이들에게 실질적인 도움이 될 수 있기를 바란다. 또한 우리도 한 걸음 앞서 나가며 다른 이들에게 도움을 줄 수 있는 프로페셔널한 멘토로서 더욱 공고히 자리잡을 수 있기를 꿈꿔본다.

373
식물과 플랜터의 디자인 매칭

올 어바웃 플라워숍

© 엄지영 강세종 2012, 2018

1판1쇄	2012년 11월 12일
개정판1쇄	2018년 1월 30일
개정판7쇄	2024년 6월 24일

지은이	엄지영 강세종
펴낸이	김정순

기획	서민경
구성	김옥영 김경숙
사진	이근영(mustashe.dali@gamil.com) 엄지영 강세종
책임편집	오세은 김수진
디자인	박수연 이혜령
마케팅	이보민 양혜림 손아영

펴낸곳	(주)북하우스 퍼블리셔스
출판등록	1997년 9월 23일 제406-2003-055호

주소	04043 서울시 마포구 양화로 12길 16-9 (서교동 북앤빌딩)
전자우편	editor@bookhouse.co.kr
홈페이지	www.bookhouse.co.kr
전화번호	02-3144-3123
팩스	02-3144-3121

ISBN 978-89-5605-946-4 13600